English-Kinyarwanda Dictionary

Kinyarwanda-English

first edition 2009

ISBN is 1449527485 and
EAN-13 is 9781449527488.

by A.H. Zemback

Contents

Frequently used words and phrases

Subject	English	Kinyarwanda
month	January	Mutarama
month	February	Gashyantare
month	March	Weruwe
month	April	Mata
month	May	Gicurazi
month	June	Kamena
month	July	Nyakanga
month	August	Kanama
month	September	Nzeli
month	October	Ukwakira
month	November	Ugushyingo
month	December	Ukuboza
day of week	Sunday	ku cyumweru
day of week	Monday	kuwa mbere
day of week	Tuesday	kuwa kabili
day of week	Wednesday	kuwa gatatu
day of week	Thursday	kuwa kane
day of week	Friday	kuwa gatanu
day of week	Saturday	kuwa gatandatu
numbers	0 (zero)	zeru
numbers	1 one	rimwe
numbers	2 two	kabiri
numbers	3 three	gatatu
numbers	4 four	kane
numbers	5 five	gatanu
numbers	6 six	gatandatu
numbers	7 seven	karindwi
numbers	8 eight	umunane
numbers	9 nine	icyenda
numbers	10 ten	icumi
numbers	11 eleven	cumi na rimwe
numbers	12 twelve	cumi na kabiri
numbers	13 thirteen	cumi na gatatu
numbers	14 fourteen	cumi na kane
numbers	15 fifteen	cumi na gatanu
numbers	16 sixteen	cumi na gatandatu
numbers	17 seventeen	cumi na karindwi
numbers	18 eighteen	cumi n'umunane

Subject	English	Kinyarwanda
numbers	19 nineteen	cumi n'icyenda
numbers	20 twenty	makumyabiri
numbers	21 twenty-one	makumyabiri na rimwe
numbers	30 thirty	mirongo itatu
numbers	31 thirty-one	mirongo itatu na rimwe
numbers	40 forty	mirongo ine
numbers	50 fifty	mirongo itanu
numbers	60 sixty	mirongo itandatu
numbers	70 seventy	mirongo irindwi
numbers	71 seventy-one	mirongo irindwi na rimwe
numbers	72 seventy-two	mirongo irindwi na kabiri
numbers	73 seventy-three	mirongo irindwi na gatatu
numbers	74 seventy-four	mirongo irindwi na kane
numbers	75 seventy-five	mirongo irindwi na gatanu
numbers	76 seventy-six	mirongo irindwi na gatandatu
numbers	77 seventy-seven	mirongo irindwi na karindwi
numbers	78 seventy-eight	mirongo irindwi n'umanane
numbers	79 seventy-nine	mirongo irindwi n'icyenda
numbers	80 eighty	mirongo inani
numbers	81 eighty-one	mirongo inani na rimwe
numbers	82 eighty-two	mirongo inani na kabiri
numbers	90 ninety	mirongo icyenda
numbers	91 ninety-one	mirongo icyenda na rimwe
numbers	92 ninety-two	mirongo icyenda na kabiri
numbers	100 one hundred	ijana
numbers	200 two hundred	magana abili
numbers	300 three hundred	magana atatu
numbers	400 four hundred	magana ane
numbers	500 five hundred	magana atanu
numbers	600 six hundred	magana atandatu
numbers	700 seven hundred	magana alindwi
numbers	800 eight hundred	magana inani
numbers	900 nine hundred	magana cyenda
numbers	1000 one thousand	igihumbi
numbers	1500 one thousand five hundred	igihumbi na magana atanu
numbers	2000 two thousand	ibihumbi bibiri
numbers	2500 two thousand five hundred	ibihumbi bibiri na magana atanu
numbers	5000 five thousand	imihumbi bitanu
time	When is the meeting?	Inama iraba ryari?
time	What time does your plane leave?	Indege yawe iragenda ryari?

Subject	English	Kinyarwanda
time	At what time?	Ni ryari ni saha ki?
time	At 8p.m. (this evening)	Sambiri z'umugoroba.
time	At noon.	Sasita.
time	It is 9 a.m.	Satatu za mugitondo.
time	It is 2:30 p.m.	Samunani z'ijoro.
time	It is 7:15 a.m.	Samoya n'iminota umi n'itanu.
time	It is 10:45 a.m.	Sayne n'iminota mirongo ine n'itanu.
time	today	none
time	tomorrow	ejo hazaza
time	yesterday	ejo hashize
time	soon	vuba
time	now	nonaha
time	morning	igitondo
time	afternoon	ni munsi
time	evening	umugoroba
time	night	ijoro
time	last week	icyumweru gishize
time	this week	iki cyumweru
time	next week	icyumweru gitaha
time	last year	umwaka ushize
time	this year	uyu mwaka
time	next year	umwaka utaha
time	one week	icumweru
time	two weeks	ibyumweru bibiri
time	one month	ukwezi
time	two months	amezi abiri
time	three months	amezi atatu
time	four months	amezi ane
time	five months	amezi atanu
time	six months	amezi atandatu
greeting	good morning	mwaramutse
greeting	good afternoon	mwiriwe
greeting	good night	muraramuke
greeting	hello (when it has been a while)	muraho
greeting	madam	madame
greeting	sir	bwana
greeting	How are you?	Amakuru?
greeting	How are you? (reciprocated)	Amakuru yawe?
greeting	How are you doing?	Ukora ute?
greeting	What's up?	Ni ibiki?

Subject	English	Kinyarwanda
greeting	What's up? (familiar person)	Bite se?
greeting	I'm fine.	Meze neza.
greeting	I'm not good.	Meze nabi.
greeting	Please.	Mushobora.
greeting	Thank you.	Murakoze.
greeting	Thank you very much.	Murakoze cyane.
greeting	Good evening.	Umugoroba mwiza.
greeting	See you tomorrow.	Ni aheyo.
greeting	See you next time/soon.	Tuzongera.
greeting	See you...	Tuzabonana...
greeting	Good bye.	Mwirigwe. (short time)
greeting	Good bye.	Murabeho. (long time)
greeting	yes	yego
greeting	no	oya
greeting	Not at all!	Ashwida!
greeting	What is your name?	Witwa nde
greeting	My name is...	Nitwa...
greeting	Nice to meet you (one person).	Nishimiye guhora nawe.
greeting	Nice to meet you (more than one).	Nishimiye guhurana mwe.
greeting	good	byiza, bitunganye
greeting	Welcome.	Murakaza neza.
greeting	Come on in.	Ni ikaze (Murakaza neza.)
greeting	Feel at home.	Murisanga.
greeting	Please sit down.	Mushobora kwicara.
greeting	Would you like a fanta; cold or warm?	Urushaka fanta, ikonje cyangwa ishyushye?
greeting	Here is a straw.	Dore umuheha.
greeting	The restroom is over there if you need to use it.	umusarani nguriya niba mu wukeneye.
greeting	It has been nice visiting with you, I hope to see you again soon.	Byari byiza ku nsura, ni zeye ko tuzongera kubonana vuba.
greeting	Have a good day.	Mugire umunsi mwiza.
greeting	Have a good evening.	Mugire umugoroba mwiza.
greeting	Have a good night.	Mugire ijoro rwiza.
greeting	Have a good trip.	Mugire urugendo rwiza.
greeting	Excuse me.	Mbabarira.
conversation	What is your profession?	Umurega wawe ni ururihe?
conversation	How is your family?	Amakuru yo murugo?
conversation	Do you have time?	Ufite umwanya?
conversation	I don't have time.	Nta mwanya mfite.
conversation	No problem.	Ntakibazo.
conversation	I work for...	Nkorera...

7

Subject	English	Kinyarwanda
conversation	I speak a little Kinyarwanda.	Imvuga ikinyarwanda gike.
conversation	I'm trying.	Ndagerageza.
conversation	I don't understand.	Simbyumva.
conversation	I understand.	Ndabyumva.
conversation	I don't know.	Simbizi.
conversation	I know.	Ndabizi.
conversation	Repeat.	Subiramo.
conversation	Sorry. (pity)	Babarira.
conversation	Sorry. (sympathy)	Wihangane.
conversation	Me, too.	Najye.
conversation	You too. (singular)	Nawe.
conversation	You too. (plural)	Namwe.
conversation	Are you married?	Urubatse?
conversation	Are you single?	Uri ingaragu?
conversation	I am married.	Ndubatse.
conversation	I am single.	Ndi ingaragu.
conversation	Do you have children?	Ufite abana?
at the hotel	I want a room with two beds for one night.	Ndashaka icyumba cy'amariri abiri ku ijoro rimwe.
at the hotel	How much is the room for one night?	Ijoro rimwe ni angahe?
at the hotel	Does the cost of the room include breakfast?	Igiciro cy'icyumba biri ku mwe n'infunguro nya mu gitondo?
at the hotel	Is there an internet cafe nearby?	Hari internet hafi aha?
at the market	Can you take me to Frulep's. (grocery store)	Ushobora kunjyana muri Frulep's.
at the market	How much is this? (cost)	Ni angahe?
at the market	I am looking for...	Nda shaka...
at the market	Do you have...	Ufite...
at the market	What are you looking for?	Urashaka iki?
at the market	How much does this cost?	Nangahe.
at the market	That is too expensive (service)	Urahenda.
at the market	That's too expensive (thing).	Birahenda.
at the market	I will not pay that much.	Sinyatanga ni menshi.
at the market	I don't have money.	Nta mafaranga mfite.
at the market	I want 2 kilos of...	Nshaka ibiro bibiri...
at the market	Where can I buy fabric?	Nihe ushobora kugura igitambaro?
at the market	I need a mosquito net.	Nkeneye inzitira mubu.
at the market	I want this.	Nkeneye iki.
drinks	drink (pl. drinks)	ikinyobwa (pl. ibinyobwa)

8

Subject	English	Kinyarwanda
drinks	drinking milk	inshyushyu
drinks	yogurt milk	ikivuguto
drinks	powdered milk	amata y'ifu
drinks	water	amazi
drinks	cold water	amazi akonje
drinks	beer	ibyeri
drinks	tea	icyayi
drinks	coffee	ikawa (pl. amakawa)
drinks	fruit juice	umutobe w'imbuto
food	food	ikiryo (pl. ibiryo) {use plural form)
food	fruit	urubuto (pl. imbuto)
food	vegetable	uruboga (pl. imboga)
food	avocado	avoka
food	banana	umuneke (pl. imineke)
food	bean	igishyimbo (pl. ibishyimbo)
food	bread	umukati or umugati (pl. imikati)
food	butter	amavuta
food	cabbage	ishu (pl. amashu)
food	carrot	ikaroti (pl. amakaroti)
food	cassava	inyumbati
food	chicken	inkoko
food	corn	ikigori (pl. ibigori)
food	donut	ilindazi (pl. amandazi)
food	egg	igi (pl. amagi)
food	fish	ifi (pl. amafi)
food	little fish	isambaza
food	goat	ihene
food	hot chili	urusenda (pl. insenda)
food	meat	inyama
food	onion	igitunguru (pl. ibitunguru) {also can use prefix uru, in, ubu with stem of tunguru}
food	passionfruit	marakuja
food	pea, peas	ishaza (pl. amashaza)
food	pineapple	inanasi
food	plantains	inyamumyu
food	potato	ikirayi (pl. ibirayi)
food	sweet potato	ikijumba (pl. ibijumba)
food	pumpkin	igihaza (pl. ibihaza)
food	rice	umuceli (pl. imiceli)

Subject	English	Kinyarwanda
food	salt	umunyu
food	sheep	intama
food	sorghum	ishaka (pl. amasaka)
food	soup	isupu
food	sugar	isukari
food	tomato	urunyanya (pl. inyanya)
food	tree tomato	ikinyomoro (pl. ibinyomoro)
restaurant	Is smoking prohibited here?	Birabujijwe kunywera itabi hano?
restaurant	Is the internet available here?	Hari enterinete ziba hano?
restaurant	We need a table for four.	Dukeneye ameza y'abuntu bane.
restaurant	It is going to take a while.	Azamara ihihe kirekire.
restaurant	How long will the wait be?	Nategereza imeza imwe mugihe kingona iki?
restaurant	Where is the restroom?	Ubwiherero burihe?
restaurant	May I have a menu?	Ese mushobora ku nyemerera nkagira menu.
restaurant	I would like a cold fanta.	Nkeneye fanta ikonje.
restaurant	I would like a bottle of water.	Nkeneye icupa y'amazi.
restaurant	I would like rice, beans and goat meat.	Nkeneye umuceri, ibishyimbo n'inyama z'ihene.
restaurant	What does this mean in english?	Ese iki gishaka kuvuga iki mu cyongereza?
restaurant	Enjoy your meal!	Muryohe rwe!
restaurant	The food is good.	Ibiryo ni byiza.
restaurant	Can we have the bill?	Inyemezabuguzi?
restaurant	Are you thirsty?	Mufite inyota?
restaurant	I am not thirsty?	Nta nyota mfite.
restaurant	I am thirsty.	Mfite inyota.
restaurant	Quench you thirst!	Shirinyota!
restaurant	Have you eaten? (singular)	Wariye?
restaurant	Have you eaten? (pleural)	Mwariye?
restaurant	Are you hungry?	Ura shonje?
restaurant	I am not hungry.	Ntabwo shonje.
restaurant	I am full.	Nda haze.
restaurant	I am hungry.	Nda shonje.
restaurant	I would like more...	Nkeneye byongeye...
restaurant	a little, slowly.	buhoro
restaurant	a lot	byinshe
restaurant	I would like cold tea.	Nkeneye icyayi
restaurant	I would like hot tea.	Nkeneye icyanyi gishyushye.

Subject	English	Kinyarwanda
money	money	amafaranga
money	Take me to where I can exchange money.	Njyana kuvunjisha amafaranga.
money	What is the currency exchange?	Forex ni he he?
money	Do you take dollars from 2001?	Muremera amadorari yo mumwoka wa 2001?
money	Where is the bank?	Banki iri he?
people	white person	umuzungu
people	white people	abazungu
people	black person	umwirabura
people	man	umugabo
people	woman	umugore
people	girl	umukobwa
people	boy	umuhungu
people	my friend	inshuti wanjye
people	family	umuryango
people	my mama	mama
people	your mother	nyoko
people	his/her mother	nyina
people	my papa	data
people	your father	so
people	his/her father	se
people	my wife	umugore wanjye
people	my husband	umugabo wanjye
people	sister	mwene nyina
people	my older brother (male talking)	mukuru wanjye
people	my older brothers (male talking)	bakuru banjye
people	my younger brother (male talking)	murumuna wanjye
people	my younger brothers (male talking)	barumuna banjye
people	my sister (male talking)	mushiki wanjye
people	my sisters (male talking)	bashiki banjye
people	my older sister (female talking)	mukuru wanjye
people	my older sisters (female talking)	bakuru banjye
people	my younger sister (female talking)	murumuna wanjye
people	my younger sisters (female talking)	barumuna banjye
people	my older brother (female talking)	musaza wanjye
people	my younger brother (female talking	basaza banjye
people	my child	umwana wanjye

Subject	English	Kinyarwanda
people	my children	abana banjye
people	your child	umwana wawe
people	his/her child	umwana we
expressions	What did he say?	Ati iki?
expressions	What did you say?	Uti iki?
expressions	Why?	Kuki?
expressions	Who? (singular) {Who is this man?}	Nde? {Uyu muntu ni nde?}
expressions	Who? (pleural) {Who are these men?}	Bande {Aba bantu ni bande?}
expressions	When?	Ryali?
expressions	What is this?	Iki n'iki?
expressions	Where is...?	Ni he hari ...?
expressions	but	aliko
expressions	or	cyangwa, rero
expressions	both	yombi
expressions	because	kuko
expressions	very	cyane
expressions	and	na
expressions	also	kandi
expressions	always	iteka
expressions	never	ntabwo
expressions	I am...	Ndi...
expressions	I am not...	Sindi...
expressions	I want...	Ndashaka...
expressions	I do not want..	Sinshaka...
expressions	I need...	Nkeneye...
expressions	I do not need...	Sinkeneye...
expressions	I have...	Mfite...
expressions	I don't have...	Simfite...
expressions	I like...	Nkunda...
expressions	I do not like...	Sinkunda...
expressions	Isn't that so?	Si byo?
expressions	Is it true?	Ni byo?
expressions	Where is the bathroom?	Aho kogera ni he
expressions	Do you need to go to the bathroom?	Ukeneye kuzya mu cyomba bogerduro?
expressions	Bless you.	Kira.
expressions	It is good.	Ni byiza.
expressions	Truly.	Mu kuri.
expressions	Listen!	Umva!
expressions	Go ahead.	Komeza.

Subject	English	Kinyarwanda
expressions	I love you.	Nda gukunda.
expressions	What are you saying?	Mari kuvuga iki?
expressions	Talk slowly please.	Mushobora kuvuga mwitonze.
expressions	What are you doing?	Muri gukora iki?
expressions	Who are you looking for?	Urashaka nde?
expressions	No one.	Ntawe.
expressions	You know.	Muzi.
expressions	This is difficult.	Birakomeye.
expressions	This is easy.	Biroroshye.
expressions	I love Rwanda.	Nkunda u Rwanda.
expressions	I am tired.	Ndananiwe.
expressions	I am happy.	Ndishimimye.
expressions	Are you happy?	Murishimimye?
expressions	Happy birthday.	Isabukuru nziza y'amavuko.
expressions	Be strong!	Komera!
Getting there	Where can I find a taxi?	Nihe ushobora kubona itagisi?
Getting there	Where can I find a bus?	Nihe ushobora kubona busi?
Getting there	I do not want to ride a motorcycle.	Sinkeneye kugenda (gutwara) ku igare.
Getting there	Does this bus go to Kibogora?	Iyo busi irajya i Kibogora?
Getting there	When is the next bus to Kibuye?	Busi ya Kibuye isigaye iraza ryari?
Getting there	How much is the fare to Butare?	Hishyurwa amafaranga angahe kugera i Butare?
Getting there	Where is this bus going?	Iyi busi igiye he?
Getting there	I need a map of...	Nkeneye ikarita y'...
Getting there	I want to go to this address...	Nkeneye kugendera kuri iyi aderese.
Getting there	Where are you going?	Mugiye hehe?
Getting there	I am going to...	Ngiye...
Getting there	Where are you coming from?	Uvuye he?
Getting there	Where are you?	Uri he?
Getting there	Where do you live?	Mutuye he?
Getting there	I live...	Ntuye...
Getting there	To the city.	Mumugi.
Getting there	To the house.	Murugo.
Getting there	Let's go!	Tugende!
Getting there	You guys go!	Mugende!
Getting there	I want to go.	Ndashaka kujya.
Getting there	I do not want to go.	Sinshaka kujya.
Getting there	Where is it?	Ni he he?
Getting there	Is it close?	Ni hafi?

13

Subject	English	Kinyarwanda
Getting there	Is it far?	Ni kure?
Getting there	I will tell you which way to go.	Ndababwira icyerekezo.
Getting there	Go straight.	Komeze imbere.
Getting there	Left.	Ibumoso.
Getting there	Right.	Iburyo.
Getting there	Over there.	Hariya.
Getting there	It is here.	Ni hano.
Getting there	It is there.	Ni hariya.
Getting there	Stop!	Hagarara!
Getting there	Wait!	Buretse!
Getting there	You passed my hotel.	Vous passiez devant mon l'hotel.
Getting there	In the room.	Mu cyumba.
Getting there	Outside the room.	Hanze y'icyumba.
Getting there	Where can I buy a bicycle?	Nihe ushobora kugura igare?
Getting there	Where can I rent a car?	Nihe ushobora gufatira imodoka?
Getting there	I am going to the airport.	Ngiye kukibuga cy'indege.
Getting there	I am going to work.	Ngiye gukora.
Getting there	We are going to Kibogora.	Turaja I Kibogora.
tourism	Where is the travel agency?	Où est l'agence de voyages?
tourism	I want to go to Nyungwe Forest.	Nkeneye kujya ku ishyamba rya nyungwe.
tourism	I want to see the gorillas.	Nkeneye kureba ingagi.
tourism	How much is a guided tour of the city?	Urugendo ruteguye rwerekeza mu mugi rugusaba amafaranga angahe?
tourism	I would like a guide who speaks english.	Nkeneye umugide uvuga icyongereza.
tourism	How do I get to...	Nigute nageza ku...
tourism	Do you have information on Volcanoes National Park?	Mushobora kumpa ubusobanuro amakuru kuri Parike Nasiyonale y'ibirunga?
tourism	How much does it cost to see the National Museum of Butare?	Hishyurwa amafaranga angahe kugira ngo usure inzu ndanga murage y'urwanda iri i Butare?
tourism	Is there a guided tour to Akagera National Park?	Hari urugendo urwateguwe muri parike Nasiyonale y'Akagera?
tourism	Please stop the car, I want to take a picture.	Rwose, hagarika imodoka nkeneye gufata ifoto.
medical phrases	I need a nurse right away.	Nkeneye umugango nonaha.

14

Subject	English	Kinyarwanda
medical phrases	Take me to the hospital.	Njyana ku bitaro.
medical phrases	I've got a headache.	Mfite ububabara mu mutwe.
medical phrases	I've have a stomach ache.	Mfite ububabara mu nda.
medical phrases	Here is a prescription for my medicine.	Dore ibyategetwe na muganga wanjye.
medical phrases	I want something to treat diarrhea.	Nkeneye, nshaka ikintu kirwanya macinya.
medical phrases	Where is the pharmacy?	Iguriro ry'imiti ririhe?
medical phrases	Do you have any cipro?	Ufite cipro?
medical phrases	Can you stop the bus, I think I need to vomit.	Mushobora guhagarika busi, nkeneye kuruka.

parts of speech	english	kinyarwanda
adj.	a lot	byinshe, menshi, nyinshi
verb	abandon	guhana, gutererana
n.	abdomen	inda
n., med	abdominal swelling	umuhishwa
verb	able, to be {Can you cut my hair?}	1) gushobora 2) kubasha {Ushobora kunyogosha?}
adv.	aboard	hafi ya
adv.	about (approximately)	hafi, nka
adv.	about to, to be	kwenda
adv.	above	hejuru, haruguru
adv.	above, on top of (Above the window.)	hejuru (Hejuru y'idirishya.)
verb	abridge, to; abbreviate, to	guhina
n.	abscess	ikibyimba (pl. ibibyimba)
n.	absence (In his absence.)	ukutahaba, ukubura, ukutaboneka (Mu kutahaboneka kwe.)
verb	absent, to be (He is absent from work today.)	gusiba (Yasibye ku kazi uyu munsi.)
adj.	absent-minded	indangare
adv.	absolutely	kabisa, rwose, pe, meme
verb	abstain, to; absent, to be {He is absent.}	gusiba {Yasibye.}
verb	abundant, to be	kurumbuka
verb	abuse (verbal)	gutukana
verb	accept, to	kwemera, gukundira
n.	access	uruhare
n.	accident	icyago (pl. ibyago)
n.	accident (He had an automobile accident.)	gisida, irango, ishyano (Yakoze impanuka y'imodoka.)
phrase	acclamation, cry of	impundu
verb	accommodate {Where are you staying?}	gucumbika {Ucumbitse he?}
verb	accompany, to (They took him to the hospital.)	kugendana, kujyana na, gushagara (Bajyanye nawe kwa muganga)
verb	accomplish, to	gusohoza
adv.	according to	kubwa
n.	account (finance)	ibitabo by'amafaranga
verb	accumulate, to	kurunda
n.	accusation	ikirego (pl. ibirego), ishinja
verb	accuse, to	kurega

16

parts of speech	english	kinyarwanda
verb	accustomed, to be	kumenyera
verb	achieve, to; finish, to	gusohoza
n., med	achilles tendon	igitsi
prep.	across (valley)	hakurya
verb	act childishly, to	guteta
verb	act with gentleness, to	kwinozora
verb	act, to	gukora, kugenza
n.	action	umurimo, (pl. imirimo) igikorwa
phrase	actions (habitual)	imigenzereze
verb	adamant, to be	kutava ku izima
verb	address, to (This letter is addressed to you.)	kugenera (Iyi ni ibaruwa ikugenewe.)
n., med	adenoids	isazi
verb	adhere, to	kubanda
n.	administration	imitegekere
verb	admit (into a place)	kwemerera
verb	admit, to (confess)	kwemera
n.	adolescent boy	ingimbi
verb	adore, to	kuramya
n.	adulterer	umusambanyi
verb	adultery, to commit	gusambana
verb	advance, to	gutambuka
verb	advise, to	kubwiriza
n.	advocate	umuvunyi (pl. abavunyi)
verb	aerate	kwicira, kwanganya
n.	affair (That is not your concern.)	urubanza
phrase	afire, to set	gukongeza
verb	afraid, to be {He fears nothing.}	gutinya {Ntacyo atinya.}
n.	African continent	Afulika
adv.	after	inyuma, hanyuma
n.	afternoon	ni munsi
adv.	afterward	hanyuma, akisida
adv.	again	ukundi
adv.	again and again	hato na hato
n.	age	ano, imyaka y'amvuka, urugero
n.	age (How old are you?)	imyaka (Ufite imyaka ingahe?)
adj.	age, middle	ubukwerere
n.	age, old	ubukuru, zabukuru
phrase	ages, all	ikigero cyose
n.	aggression	igihoho
adv.	ago, long	kera

17

parts of speech	english	kinyarwanda
verb	**agree on, to**	gusezerana
verb	**agree, to {I agree.}**	kwemera {Ndabyemeye.}
n.	**agreement, good**	umushyikirano
verb	**agreement, to be in**	gukiranuka
n.	**agriculture**	ubuhinzi
adv.	**ahead {Move the car forward a little.}**	imbere {Igiza imodoka imbere gato.}
phrase	**aid, financial**	imfashanyo
verb	**aid, to {Come to help me.}**	gufasha {Ngwino umfashe.}
n.	**aid, voluntary**	umusanzu (pl. imisanzu)
n.	**air (To get some air.)**	umuka (Kumira akuka, gufata akayaga.)
n.	**airplane**	amviyo, indege
n.	**alarm, cry of**	induru
n.	**albinos**	inyema
n.	**alcohol**	gisindisha, inzoga
verb	**alert, to be**	kuba maso
n.	**alignment**	umurongo (pl. imirongo)
adj.	**alive (The cow is alive, unhurt.)**	-zima (Inka ni nzima.)
adv.	**all the time**	iteka, jo
adj.	**all, everything (each tree or the whole tree)**	-ose (igiti cyose)
n.	**alliance**	isezerano (pl. amasezerano)
verb	**allow, to**	gukundira, kureka
n.	**allusion (To allude to.)**	ishusho (Gushaka gushushanya.)
adv.	**almost**	hafi
adj.	**alone (me alone)**	-onyine (jyenyine)
phrase	**alone, to be**	kwiherera
prep.	**along**	ku ruhande rwa
adv.	**also, again**	kandi, ndetse
adv.	**also, too (Elizabeth with come with us also.)**	na, kandi (Elizabeth na we arazana.)
adv.	**always**	iteka, buzima
verb	**amass, to**	gukumakuma
verb	**amaze, to {Who did you amaze?}**	gutangaza {Mwatangajwe n'iki?}
verb	**amazed, to be**	gutangara
n.	**amazing thing**	igitangaza (pl. ibitangaza)
phrase	**ambidextrous, to be**	gutwalira intandi
verb	**ambitious, to be**	kwidunaduna
n.	**ambush**	igico (pl. ibico), urukubo
n. med	**amebiasis**	amibe
verb	**ameliorate, to**	kunoza
n.	**America, US of**	leta zunze z'Amerika

parts of speech	english	kinyarwanda
prep.	among	hagati ya, mu, muri
verb	amusing things, to do	guteta
n., med	anal chancre	umuzimbwe
n.	ancestor	sogokuruza
conj.	and	na, no, kandi
phrase	and now	none, noneho
phrase	and so	none, noneho, niko
phrase	And you (plural).	Namwe.
n.	angel	umumarayika (pl. abamarayika)
n	anger	uburakali
verb	angry, to be	gufumbereza, kurakara
verb	angry, to become	kurubira
n.	anguish	akinjiro, impagarara
phrase	animal without horns	inkungu
n.	animal, ferocious	igisimba (pl. ibisimba)
n., med	ankle	akagombambari
verb	annihilate, to	kuzimya
verb	announce, to {They announced there will be no meeting on Tuesday.}	kuranga {Baranze ko kuwa kabili nta nama izaba.}
verb	annoy, to	gusagara
verb	annoyed, to get	gufumbereza, kurakara
verb	anoint	gusiga
adj.	another (another man)	-ndi (undi muntu)
verb	answer when called, to	kwitaba
verb	answer, to {What was his response?}	gusubiza {Yagushubije iki?}
n.	ant, red	urutozi (pl. intozi)
n.	ant, white	umuswa (pl. imiswa)
verb	antagonize	gutera
n.	antelope, small	impongo
verb	anticipate {How many people do you expect?}	guteganya {Murateganya ko hazaza bangahe?}
n.	ants, small food	urushishi (pl. inshishi)
n.	anxiety	amaganya, impungenge, inkeke
adj.	anxious (He seemed very anxious.)	uhangayitse (Arasa n'uhangayitse cyane.)
verb	anxious, to be	kudugarara, guhahalika, guhangayika
pronoun	anybody (somebody)	umuntu wese
pronoun	anything (something)	ikintu cyose
adv.	apart	ukwa
n.	ape	inguge
verb	apologize, to	kwisegura
verb	apparent, to be	kwihandagaza

19

parts of speech	english	kinyarwanda
verb	appeal to higher court	kujurira
verb	appeal, to	kwakuza
verb	appear suddenly	kwaduka, gutunguka
verb	appear, to	1) guhinguka 2) kwaruka
verb	appear, to {He appeared in the market.}	kuboneka {Habonetse.}
n.	appearance	imisusire
phrase	apply oneself, to {We apply ourselves to our homework.}	gushishikalira {Dushishikalire kwiga.}
n.	appointment	gahunda
n.	apprehension	amakenga
n.	apprentice	umwiga
verb	approach, to cause to {The day of the festival is near.}	kwegereza {Umunsi mukuru uregereje.}
verb	approach, to {You come closer.}	kwegera {Nimwigire hino}
verb	approval	kwemeza
verb	approve {I do not agree.}	kwemera {Simbyemeye.}
n.	April	mata, ukwezi kwa kane
n.	apron	itaburwya
n.	Arab	umwarabu
n.	ardor	igise
verb	are	ni, -ri (bari, biri etc)
phrase	are not	si, (ntibari etc)
phrase	Are you happy?	Murishimimye?
phrase	Are you hungry?	Ura shonje?
phrase	Are you married?	Urubatse?
phrase	Are you single?	Uri ingaragu?
n.	argument (dispute)	1) impaka 2) amakimbirane 3) urukara
verb	arise (from dead)	kuzuka
verb	arise, to	kubyuka
n.	arm {I burnt my arm.}	ukuboko {Mpiye ukuboko.} (pl. amaboko)
n.	armpit	ukwaha (pl. amaha)
n.	army	ingabo
verb	arrange	gutunganya
verb	arrive at, to	gushyika
verb	arrive, to (The plane is due at noon.)	guhinguka, gusohora (Indege irahagera sasita.)
verb	arrive, to {It is time to study.}	kugera {Igihe cyo kwiga kirageze.}
n.	arrow	umwambi (pl. imyambi)
n.	artist	umuhanzi, umunyabugeni
adv.	as	ko, uko, nk'uko, nka
adv.	as (Eric arrived as I was leaving.)	ubwo (Eric yaje ubwo nagendaga.)

20

parts of speech	english	kinyarwanda
verb	ascend	kuzamuka
verb	ashamed of, to be	gushwarwa
n.	ashes	ivu
verb	ask (question), to	kubaza
verb	ask the way, to	kuyoboza
verb	ask with assertiveness, to	gukubiliza
n.	assault	igitero
verb	assert	kwemeza
n.	assessment	umusanzu (pl. imisanzu)
verb	assign	kwemeza
verb	assist, to	gufasha, kugoboka, gutabara
n.	assistant	umuvunyi (pl. abavunyi)
n.	asthma	asima, ubuhwemo
n.	asthmatic	umunyasima
verb	astonish, to	gutangaza
verb	astounded, to be	kumirwa
verb	astray, to go	kuzimira
verb	astray, to go {He advised a bad path.}	kuyobya {Yanyobeje.}
prep.	at	ku, i, kuri, kwa
phrase	at different places	hamwe na hamwe
adv.	at first	mbere
adv.	at last	ubujyakera
phrase	at the hospital	ku bitaro
phrase	at the same time	limwe
verb	attack, to	kujujubya
verb	attain, to	gushyika
verb	attempt, to	kugerageza
verb	attention to, not pay {You are absent-minded.}	kurangara {Urarangaye.}
verb	attention, to pay {Pay attention to the electrical wires.}	kwitondera {Witondere insinga.}
verb	attest, to	guhamya
n.	attic	ikigega (pl. ibigega)
n.	attitudes	imiterere, imimerere, amatwara
verb	audacious, to be	kuriduka
n.	August	Kanama, ukwezi kwa munani
n.	authority	ubutegetsi, ubutware
n.	automobile	icyuma
n.	autonomy	ubwigenge
verb	avenge, to	guhora
n.	aversion	ikirozi

21

parts of speech	english	kinyarwanda
adv.	away, far	kure
n.	ax	incabiti, interezo
verb	babble, to	kudedemanga
n.	baby (newborn)	uruhinja (pl imhinja)
n.	baby {The baby was put down.}	umwana (pl. abana){Uliya mwana alitonda.}
n., med	back (of a person)	umugongo
n	back, at the	inyuma
n	backing (support)	ubwishingizi, inkunga
adj.	bad (Buster is a bad or naughty dog.)	-bi (Buster afite imbwa mbi.)
adv.	badly	nabi
n.	ball	umupira (pl. imipira)
n.	bamboo	umugano (pl. imigano)
n	banana	igitoki (pl. ibitoki)
n.	banana	umuneke (pl. imineke)
n	banana juice (unfermented)	umutobe (pl. imitobe)
n	banana, beer	urwagwa
n.	banana, plantation of	urutoki (pl. intoki)
n	banana, red	igisukari
n	banana, ripe	umuneke
n.	bankruptcy	igihombo
n.	baptism	umubatizo
verb	baptize, to	kubatiza
n.	barber	umwogoshi
n.	bark (tree)	igishishwa (pl. ibishishwa)
verb	bark, to (The dog barks a lot at night.)	kumoka (Imbwa imoka cyane nijoro.)
verb	barter, to	guhaha
verb	bashful, to be	kugira isoni
n.	bashfulness	isoni
n.	basin (wash)	ibesani (pl. amabesani)
n.	basket (deep, no lid)	igitebo (pl. ibitebo)
n	basket (made of bamboo)	inkangara
n.	basket (tall pointed)	igiseke (pl. ibiseke)
n	basket, large	intonga
verb	bathe (oneself) {I took a bath.}	kwiyuhagira {Kwiyuhagira.}
n.	battle	intambara
n.	battlefield	imibuga
verb	be ahead of, to	gutanga
verb	be dying, to	gusamba, kuremba
phrase	be on the look out, to	kugimba
phrase	Be strong!	Komera!

parts of speech	english	kinyarwanda
verb	be, to	kuba, -ri, kumera
n.	beach	inkuka
n.	bead, glass	isaro (pl. amasaro)
n.	bean	igishyimbo (pl. ibishyimbo)
n.	beard	urwanwa
verb	beat drum to	kuvuza ingoma
verb	beat, to	gukubita, gupiga
adj.	beautiful (a beautiful feather) {Katie has nice handwriting.)	-iza (iryoya ryiza)
n	beautiful person	umunyaburanga bwiza
n.	beauty	ubwiza
phrase	beauty, extraordinary	ishyano
n	beauty, physical	uburanga
conj.	because	kuko
conj.	because of	ku mpamva za, kubwa, kubera
verb	become ill, to	kurwaza
verb	become other, to {It was changed.}	guhinduka {Byarahindutse.}
verb	become widowed or a widower	gupfakara
n.	bed	ubukuku
phrase	bed made of wood	urutara
n.	bed, mobile	igitanda (pl. ibitanda)
verb	bed, to make a	gusasa
phrase	bedtime	amalyama
n.	bee	uruyuki, (pl. inzuki)
n.	beehive (empty)	umutiba
n.	beer	inzoga, ibyeri
verb	beer, to brew	kwenga
adv.	before	mbere, imbere
prep.	before (Before coming.)	mbere (Mbere yo kuza.)
verb	beg earnestly, to	guhendahenda
verb	beg for a drink, to	kuvumba
verb	beg for, to	gusaba
verb	begin by, to {Begin by setting the table.}	kubanza {Banza utegure ameza.}
verb	begin, to	gutangira
n.	beginning	1) inturuko 2) intangiliro 3) mbere na mbere
verb	behave with patience	kwigumanya
verb	behave, to {He behaves well.}	kwifata {Yifata neza.}
n.	behavior	umwifato
n.	behaviour	imyifatire, imyitwarire
adv, n.	behind {Back up the car a little.}	inyuma {Igiza imodoka inyuma gato.}

23

parts of speech	english	kinyarwanda
verb	behold, to; notice, to (He does not notice anything.)	kwitwararika (Nta kintu na mba yitaho.)
adj.	belated	gitinze
n.	Belgian	Umubirigi
n.	Belgium	Ububirigi
n.	beliefs (confidence)	imyizerere, inyigisho
verb	believe, to {I hope that all will go well for you.}	kwizera {Nizeye ko bizakugendekera neza.}
n.	bell	ikengeli (pl. amakengeli)
adv. prep.	below	hepfo, hepfo ya, hasi
adv.	below (Seven degrees below zero.)	munsi (Degere zirindwi munsi ya zeru.)
n.	belt	umukandara (pl. imikandara), umushumi
verb	belt, to put on	gukenyeza
n.	bench	urubaho (pl. imbaho)
verb	bend over, to	kubama
verb	bend two times, to	gukubiranya
verb	bend, to	guheta, kugondama
verb	bend, to; to fold	guhina, gukunja, kuzinga
adv. prep.	beneath, under	munsi ya
verb	beseech, to	kwinginga
prep.	beside	iruhande
n.	best man	imperekeza
verb	bet, to	gutega
verb	betray, to	guhemuka, kugambana
verb	better (after illness) to be; to be improved physically	koroherwa
verb	better than, to be	kuruta
verb	better, to be	1) kurusha 2) kuruta
prep.	between	hagati ya
verb	beware, to	kwirinda
verb	bewilder, to	gutangaza
verb	bewitch, to	kuroga
adv.	beyond	hirya
prep.	beyond measure, reason	birenze urugero
n.	Bible	Biblia Yera, Igitabo cy'Imana
n.	bicycle	igare (pl. amagare)
adj.	big (a big tree)	-nini (igiti kinini)
n., med	bile	indurwe
verb	bind strongly, to	kunangira

24

parts of speech	english	kinyarwanda
verb	bind together, to	kuzirikana
verb	bind, to	kuboha
verb	bind, to	gukanira
n.	bird (small) {Birds make their nests.}	inyoni {Inyoni zirubaka ibyali.}
n.	birth	ivuka
verb	birth, to give {She gave birth recently.}	kubyara {Abyaye vuba.}
verb	bite, to	kuruma, kuryana
verb	bitter taste, to have	kugana
verb	bitter, to be	kubiha
n.	bitterness	inzika, ububihe
n.	black (color)	igikara or umukara
n. & adj.	black (for person)	kwirabura
n.	blacksmith	umuheshi
n., med	bladder	uruhago
n., med	bladder, urinary	uruhago nwienka ni
verb	blame somebody, to	gukangara
phrase	blameless person	inyangamugayo
n.	blanket	ikiringiti (pl. ibiringiti) {ubulingiti}
verb	bleed, to {He has a bloody nose.}	kuva amaraso {Arava amaraso mu mazuru.}
verb	blend	kuvanga
n., med	blepharitis	inkobore
phrase	Bless you.	Kira.
verb	bless, to	guha umugisha
n.	blessing	umugisha
n	blind person	impumyi
verb	blind, to become	guhuma, guhumagurika
verb	blink, to	guhumbya
verb	block, to	gusiba
n.	blood	amaraso, inkaba
n., med	blood vessel	umutsi
n.	blow (to the face)	urushyi
verb	blow a whistle, to	gusifura
verb	blow fire, to	kwatsa
verb	blow up, to	gutulika
verb	blow, to	guhuha
n.	blowtorch	umukanka
adj.	blue	ubururu, bisa n'ijuru
verb	blush, to	gutukura
n.	board (plank)	urubaho (pl. imbaho)
phrase	Board of Directors	Inama y'ubuyobozi

25

parts of speech	english	kinyarwanda
verb	boast, to {He boasts.}	kwirata {Alirata.}
n.	boat	ubwato (pl. amato)
verb	boat, to get into	kwikira
n.	body	umubili (pl. imibili)
verb	bogged down, get	gutabama
n., med	boil (medical)	ikibyimba
verb	boil, to {Is the water boiling?}	kubira {Amazi yabize?}
n.	bolt (of door)	agakonzo (udukonzo)
n	bonds	ingoyi
n.	bone	igufa (pl. amagufa)
n., med	bone marrow	umusokoro
verb	boo, to	gukomera
n.	book	igitabo (pl. ibitabo)
verb	born of, to be	gukomoka
verb	born, to be {When were you born?}	kuvuka {Wavutse lyali?}
verb	borrow (money) {I am going to borrow a little money from Holly's home.}	kuguza {Ngiye kuguza udufaranga kwa Holly.}
adj & pr	both (we are both coming)	-ombi (tuzaza twembi)
n.	bottle	icupa (pl. amacupa), urusaro
n.	bottom	hasi
verb	bounce, to	kwidunda
n.	bow (as in arrow)	umuheto (pl. imiheto)
n., med	bowel, large	igitabazi
n.	bowl (wood)	imbehe
n.	box	agasanduku (pl. udusanduku)
n.	box with lid	umukebe (pl. imikebe)
n.	box, small	agasanduku
n.	boxer shorts (or slip)	ikaliso
n.	boy	umuhungu (pl. abahungu)
n.	bra	ishindiliya
n.	bragging	ubukayide
verb	braid, to	kuboha
n.	brain	ubwonko
n.	branch	ikanisa (pl. amakanisa); ishami (pl. amashami)
n.	brass	umuringa
adj.	brave	intwali
n.	bread	umukati (pl. imikati)
n.	bread (african)	umutsima (pl. imitsima)
n.	bread (european)	umugati (pl. imigati)
verb	break into bits	kuvunagura

parts of speech	english	kinyarwanda
verb	break, to	kuvuna
verb	break, to {He broke a glass.}	kumena {Yamenye ikirahuli.}
n.	breast milk	amashereka
verb	breast-feed {She breast-fed her child.}	Konsa {Yagiye konsa umwana.}
n.	breath	umwuka
phrase	breathe one's last	guhwera
verb	breathe {Is your breathing good?}	guhumeka {Urahumeka neza?}
n.	breathlessness	imhumu
phrase	bribe	amafaranga yo kwituga, ibiturire, ruswa
verb	bribe, to take	kurya ruswa
n.	brick {Unload the bricks.}	itafari {Nimupakurure amatafali.}
verb	bricks, to make	kubumba amatafari
n.	bride	umugeni
n.	bride-groom	umukwe
n.	bridge {They are building a bridge.}	urutindo {Bazatinda ikiraro.}
adj.	brief (He had to leave on short notice.)	kigufi, gito (Yagombye kugenda mu gihe gito.)
verb	bright(of light) to be	kurabagirana
n.	brim	urugara
verb	bring about, to	gutera
verb	bring back wife who had left	gucyura
verb	bring closer	kwegeranya
verb	bring near, to	kwegereza
verb	bring to {Who are you coming with?}	kuzana {Uzazana na nde?}
verb	bring water, to {I am going to draw water.}	kuvoma {Ngiye kuvoma.}
adj.	broad, wide, spacious	-gari (hagari)
verb	broil, to	gukaranga
n., med	bronchitis	gakonkwa
n.	bronze	umuringa
n.	brother, my older (female talking)	musaza wanjye
n.	brother, my older (male talking)	mukuru wanjye
adj.	brown	igihogo
n.	brush (paintbrush) {hair brush}	uburoso (uburoso bw'irangi) {uburoso bwo gusokoza}
verb	brush teeth, to	kwiyoza amenyo
n.	brush, broom	umukubuzo (pl. imikubuzo), umweyo
verb	brush, to	guhanaguza uburoso, kogesha uburoso
n.	bucket	indobo
n.	budget	amafaranga ateganyirijwe ikintu
n.	buffalo	imbogo

parts of speech	english	kinyarwanda
n.	bug	agasimba (pl. udusimba)
verb	build, to	gushinga
n.	builder	umwubatsi
n.	building (construction)	inyubako
n.	bundle	ikinago (pl. ibinago)
n.	burden	umutwaro
n.	burlap	igunira
n	burn	ubushye
verb	burn, to (You will burn your fingers.)	gutwika, kwotsa (Uzitwika intoki.) (Uziyotsa intoki.)
verb	burst out laughing, to	gutemba, kwanuka
verb	burst, to	guturika
verb	bury, to	1) guhamba 2) gutaba
n.	bus	ibisi
n.	bush	ikigunda (pl. ibigunda)
n.	bush (thick)	igihuru (pl. ibihuru)
n.	bush, the (uninhabited)	ishyamba (pl. amashyamba)
n.	business	umurimo
verb	bustle about, to	gukubira
n.	bustling activity	urwiruko
conj.	but	ariko, cyokora
n.	butcher shop	ibagiro (pl. amabagiro)
n.	butter	amavuta
n.	buttock	itako (pl. amatako)
n.	button	ipesa (pl. amapesa)
verb	button a shirt, to	gufunga ishati
n.	button {Sew a button on this shirt for me.}	igifungo (pl. ibifungo){Unterere igifungo kuli iyi shati.}
verb	buy (food) {I am going shopping.}	guhaha {Ngiye guhaha.}
verb	buy, to {I am going to buy the buckets.}	kugura {Ngiye kugura indobo.}
phrase	buzzing in the ears	amajeli
prep.	by (through)/ (near)	na
n.	cage	icyari
n.	calamity	icyago
n.	calendar	kalendari
n.	calf	inyana
verb	call (name)	kwita
verb	call, to {Call the others.}	guhamagara {Hamagara abandi.}
adj.	calm, quiet	ucecetse, utuje
verb	calm, to be	gutuza
n.	camel	ingamiya

parts of speech	english	kinyarwanda
n.	camp	ingando
verb	camp, to	gucumbika
n.	can, tin	igikombe (pl. ibikombe)
n.	Canadian	Umukanada
n.	cancer	kanseri
n.	candidate	umukandida
n.	candle	buji, itabaza (pl. amatabaza)
n.	candy	bombo
adj.	capable, able (He is very capable of doing it.)	ushoboye (Arabishoboye cyane.)
verb	capable, to be	guhuguka
n.	capital (The capital of Rwanda is Kigali.)	umurwa mukuru (Umurwa mukuru w'u Rwanda ni Kigali.)
n.	car	icyuma
n.	card, index	ipishi
n.	card, menu, map	ikarita
n., med	cardiomyopathy	indwara y'umutima
verb	care for lovingly, to	gukuyakuya
verb	careful, to be	kwitonda, kwirinda
adv.	carefully	buhoro-buhoro
phrase	careless (with things) to be	kwandarika
verb	careless, to be (in work)	kutitaho
verb	careless, to be (personal appearance)	kwiyandarika
verb	caress, to	guhendahenda, gushisha
n.	carpenter	umubaji (pl. amabaji)
n.	carpentry	isarumara
n.	carrot {Cut the carrots.}	ikaroti (pl. amakaroti) {Kata amakaroti.}
verb	carry on one's back, to	guheka
verb	carry on one's head without using the hands	kwirengera
verb	carry on, to {I will continue on this route.}	gukomeza {Jye ndakomeje.}
verb	carry, to (on one's head) {He is carrying a box on the head.}	kwikorera {Yikoreye isanduku.}
verb	carry, to {The truck transports the bricks.}	gutwara {Ikamyo itwaye amatafali.}
verb	carve, to	gukeba
n.	case {In case of emergency, call this number.}	igihe (Mu gihe ubona byihutirwa, hamagara kuri iyi nomero.)
n.	cassava	umwumbati (pl. imyumbati)
verb	cast lots, to	gufinda
verb	cast, to; to fling	kujugunya, gutera

29

parts of speech	english	kinyarwanda
verb	castrate, to	gukona
n.	cat	injangwe
verb	catch fire, to	gushya
verb	catch your breath, to	guhwema
verb	catch, to	gucakira
verb	catch, to {They caught the thief.}	gufata {Bafashe umujura.}
n.	cattle	ishyo, umukumbi
n.	cause	impamvu
verb	cause, to	gutuma
verb	cautious, to be {Pay attention to the stairs.}	kwitonda {Itonde hali amabaraza.}
n.	cave	isenga (pl. amasenga)
phrase	cavity caused by erosion	abakokwe
n.	ceiling	idali, iparafo
verb	celebrate, to	kwizihiza
n.	celebration	ibirori
n.	cement {He is preparing the cement.}	isima {Araponda sima.}
n.	cemetery	ilimbi (pl. amalimbi)
n.	censer	icyotezo
n.	census	ibarura
n.	center, in the	hagati
n.	century	ikinyajana
n.	ceremony	umuhango (pl. imihango)
adj.	certain (It is not certain.)	cyizewe (Nta cyizere.)
adv.	Certainly.	Ku buryo bwizewe.
n., med	cervical spine	ku ijose
n.	chain	umunyororo (pl. iminyororo)
n.	chain, small	umukufi (pl. imikufi)
n.	chair	intebe
n.	chairman	umuyobozi
n.	chalk	ingwa
n.	change (coins)	igikoroto (pl ibikoroto)
verb	change money, to	kuvunja
verb	change mood and become angry	guhonga
verb	change shape, to	guhinduka
n.	channel	umusingi (pl. imisingi)
n.	chapter	igice
n.	character	amarere, ingeso, kamere
n.	charcoal	ikara
n.	charge	ikirego
verb	charge, to be in	kugira

parts of speech	english	kinyarwanda
n.	charm	1) igiheko (pl. ibiheko) 2) ingisha
verb	chase after, to	guhihibikanya
verb	chat, to	kuganira
verb	cheap, to be; to be a bargain	guhenduka
verb	cheat, to	kuriganya
n.	cheek	itama (pl. amatama)
n.	cheerfulness	ibyishimo
n.	chest (body)	igituza
n.	chest (crate)	isanduku (pl. amasanduku)
verb	chew for a long time, to	gukanja
verb	chew, to	1) guhekenya 2) kumeca
n.	chicken	inkoko
verb	chide, to	gutonganya
n.	chief	umutware
n.	child of	mwene
n.	child {She stayed with the child.}	umwana {Yasigaranye umwana.}
phrase	child, spoiled	umutesi
n.	childhood	ubwana
n.	chills (tremors)	isusumira, umushitsi (pl. imishitsi)
n.	chimpanzee	imhundu
n.	chin	akananwa, akarevuro, akasakusaku
n.	choice	amahitamo
n.	choir	umutwe w'abaririmbyi
verb	choke, to	kuniga
verb	choose from group, to	gutoranya, gutoragura
verb	choose, to	gutora
verb	chop up in many pieces, to	gucagagura
n.	Christ	Kristo
n.	Christian	Umukristo
n.	Christianity	Ubukristo
n.	Christmas {Merry Christmas}	Inoheli (Inoweli) {Umunsi mwiza wa Noheli.}
n.	church (building)	urusengero (pl. insengero)
n.	cicada	ijeli (pl. amajeli)
n.	cigar	umuzinge (pl. imizinge)
n.	cigarette	umuti w'itabi
n.	circle	uruziga
verb	circulate, to	gutembera
n.	circumstance	ingoboka
n., med	cirrhosis	indwara y'umurjima
n.	citizen	umuturage (pl. amaturage)

31

parts of speech	english	kinyarwanda
n.	city	umujyi, umudugudu (pl. imidugudu)
phrase	civil personality	ubuzima-gatozi
n.	clan	umuryango (pl. imiryango)
verb	clap, to	gukoma amashyi
n.	class	ikarasi
n.	clatter (of voices)	urwamu (pl. inzamu)
n., med	clavicle	umuseke w'ukuboko
n.	claw	urwara (pl. inzara)
n.	clay	1) uburongo 2) ibumba
verb	clay, to work with	kubumba
verb	clean with a brush, to	gukubura
verb	clean, to be {His house is always clean.}	kugira isuku {Inzu ye ihora ifite isuku.}
verb	clean, to make {I am going to clean my room.}	gusukura {Ngiye gusukura mu cyumba cyanjye.}
n.	cleanliness	isuku
verb	cleanse oneself	kwisukura
verb	clear up, to	gusobanuka
verb	clear, to make	kugaragaza
adv.	clearly {Speak clearly.}	weruye (Vuga weruye.}
verb	clench one's teeth	gukanyiliza
phrase	clever person	umuhanga
phrase	click of the tongue (noise made when one wants to show emphasis)	ikinyamunoko
n.	cliff	agacuri (pl. uducuri)
n.	climb	umupando (pl. imipando)
phrase	climb a hill, to	gushinga umusozi
verb	climb down, (tree), to	kururuka
verb	climb on, to	gusera
verb	climb up (mountain), to	kuzamuka
verb	climb, to	guhagarika, kuzamuka
verb	climb, to (as in tree)	kurira
n.	cloak	ikoti (pl. amakoti)
n.	clock	isaha (pl. amasaha)
verb	close a padlock, to	gufunga ingufuli
verb	close the eyes, to	guhumiliza (guhumiriza)
phrase	close together (near)	kwegeranya
n.	closet	akabati (pl. utubati)
n.	cloth	umwenda (pl. imyenda)
n.	cloth women wear (shoulder), shawl	umwitero (pl. imyitero)
verb	clothe, to	kwambika
n.	clothes (worn by the poor)	inyambarabaja

parts of speech	english	kinyarwanda
verb	clothes, to take off	kwambura
n.	cloud	igicu (pl. ibicu)
verb	clown, to	gushyenga
n.	club (stick)	inshyimbo
n.	coast (of river)	inkombe
n.	coat (man, woman)	ikoti (pl. amakoti)
verb	coax, to (Zoey coaxed her mother to buy a cell phone.)	kuresaresa (Zoey yaresarejeje nyna agura telefone.)
n., med	coccyx	akangamulizo, njonogo
n.	cock-crowing	mu nkoko
n.	cockroach	inyenzi
n.	coffee	ikawa (pl. amakawa)
n.	coffee pot	ibinika
n.	coffee tree	ikahwa (pl. amakahwa)
n.	coffin	isanduku yo gushyinguramo
verb	coincide, to	gukubitirana
n. & adj.	cold	bikonje, umususuru
n.	cold in head	ibicurane
phrase	cold water	amazi akonje
verb	cold, to be {I am cold.}	gukonja {Ndakonje.}
n.	coldness	ubukonje, imbeho
verb	collapse, to	gukunduka, kugwa
n., med	colon	igitabazi
phrase	colony of bees	itisinda
n.	color	ibara (pl. amabara)
n.	comb	urusokozo (pl. insokozo)
verb	comb, to	gusokoza
verb	come after, to	guhera, gukulikira
verb	come along, to	kwivira
verb	come back, to; to return	guhindukira, guhindura, kugaruka, kuza
verb	come from, to	guturuka, kuva
interj.	Come here!	Ngwino!
phrase	Come in!	Kalibu!
verb	come out of, to	kuva
verb	come to the aid of	kuvuna
verb	come, to	kwinjira
verb	come, to {We came by bus this evening.}	kuza {Twaje muli bus ya nimugoroba.}
verb	comfort, to	guhumuriza
verb	comfortable life, to lead	kugama
n.	comings and goings	urujya n'uruza
n.	command	itegeko (pl. amategeko)

33

parts of speech	english	kinyarwanda
n.	command, person in	umutware (pl. amatware)
verb	command, to	gutegeka, kuyobora
verb	commence, to {Luke, when are you going to start studying?}	gutangira {Luke, muzatangira kwiga lyali?}
verb	commit an error, to	gukosa
verb	commit oneself, to	kwitanga
adj.	common	rusange
n.	common-law wife	umuhabara (pl. amahabara)
n	community work	umuganda
verb	compare, to	kugereranya
n.	comparison	ikigereranyo
n.	compensation	akababaro, icyiru
n.	competition	urugomo (pl. ingomo)
phrase	complain of a headache., To	Gutaka umutwe.
verb	complain, to	gutaka, kuganya
phrase	complaining child	gahoga
n.	complaints	amaganya
adv.	completely, totally	rwose, byimazeyo
verb	compose	gukora
verb	conceal, to	guhishahisha
verb	conceive an idea, to	gutwita
verb	conclude, to	kwanira
n.	conclusion	umwanzuro (pl. imyanzuro)
n.	conclusion (of discussion)	umusozo
n.	condemnation	urubanza
verb	condemned, to be	gucirwaho iteka
verb	confess, to	kwihana, kwatura
verb	confirm, to	1) guhamya 2) kwemeza
verb	confront, to	kwigera
verb	confused	gushwara
verb	congratulate (graduate)	gukura ubwatsi
verb	congratulate, to (birth)	guha impundu, gutanga impundu
verb	conjecture about, to	gufora
verb	conquer, to	kuganza
n.	conscience (to have a guilty conscience)	umutimanama (kutagira umutimanama)
verb	consent, to	kwemera
n.	consequence (without repercussions)	ingaruka (nta ngaruka)
verb	console, to	guhumuriza
n.	constitution	inshinga
n.	container, tin	igikombe (pl. ibikombe)
verb	contemplate	guhweza

34

parts of speech	english	kinyarwanda
n.	continuation	akarande
verb	continue, to {I will continue tomorrow.}	gukomeza {Nzakomeza ejo.}
n.	continuous quarrels	amakimbirane
verb	contradict	kuvuguruza
n.	contribution	umusanzu (pl. imisanzu)
verb	control, to (self-control)	gutwara
n.	contusion	umukirage (pl. imikirage)
n.	convalescence	umukiruko
verb	converse with, to	kuganira
verb	convince	kwemeza
n.	cook	umutetsi (pl. abatetsi)
verb	cook, to {I am making the tea.}	guteka {Ntetse icyayi.}
verb	cool, to	guhora
verb	cool, to be	gukonja
verb	cool, to let	gukonjesha
n., med	cord of the tongue	intananya
n.	corkscrew	urufunguzo (pl. imfunguzo)
n.	corner	imfuruka
n.	corpse	umurambo (pl. imirambo)
n.	corpse of animal	umutumbi (pl. imitumbi)
verb	correct, to	guhana, guhugura
verb	correct, to {Who is the child that his father does not correct?}	gukosora {Ni nde umwana se adakosora?}
verb	correspond with, to	gushyikirana
n.	cost	1) igiciro 2) ikiguzi (pl. ibiguzi)
n.	cottage	indiri
n.	cotton	ipamba (pl. amapamba)
n.	cotton oil	amakoto
n.	cough	inkorora
phrase	cough, chronic	gakonkwa
verb	cough, to {She coughs a lot.}	gukorora {Arakorora cyane.}
n.	council, advice	inama, impanuro
n.	council, member of (adviser)	umujyanama (pl. abajyanama)
verb	count on oneself, to	kwiyumva
verb	count, to {Count the money.}	kubara {Bara amafaranga.}
adj.	country	umugega
verb	courageous, to be	guhangara
n.	court	urukiko (pl. inkiko)
verb	cover oneself, to {Cover him, he is cold.}	kwifubika {Mu-fubike harakonje.}
verb	cover with lid, to	gupfundikira
verb	cover, to	gupfuka

35

parts of speech	english	kinyarwanda
verb	covet, to	1) gushukarara 2) kurarikira 3) kuwara 4) kwifuza
n.	cow manure	amase
n.	cow { I am going to lead the cows to graze. }	inka {Ngiye kwahura inka.}
n.	coward	imbwa
n.	crack (fissure)	umwenge (pl. imyenge)
n.	cracker	igisuguti (pl. ibisuguti)
n.	cracks (in the skin)	amakeka
n.	craftsmanship, skill	ubukorikori, ilyenge
adj.	crafty	intabura
verb	cram, to	gutsindagira
verb	crammed, to be	gutsikama
n.	cramp	ikinya (pl. ibinya)
verb	crash into, to	kugonga
verb	crazy, to be	gusara
verb	create, to	kurema
n.	cripple	ikimuga, ikirema
n.	crocodile	ingona
verb	crooked, to be {This tree is not straight.}	kugorama {Iki giti kiragoramye.}
n.	crop (farming)	umusaruro (pl. imisaruro)
n.	cross	umusaraba (pl. imisaraba)
verb	cross body of water	kwambuka
verb	cross, to be	kugira inzika
verb	cross,to	kubisikanya
n.	crossroads	ihuriro
verb	crosswise, to place	gutambika
verb	crouch, to	kurutama
verb	crow, to	kubika
n.	crowd	1) igitigili 2) imbaga 3) inteko 4) rubanda
n.	crowd of followers	ishengero
n.	crown	ikamba (pl. amakamba)
verb	crucify, to	kubamba
verb	cruel, to be	kutagira imbabazi
n.	crumb	ikivungu, ubuvungukira
verb	crumble, to	gukanguka
n.	crumbling	inkangu
verb	cry aloud, to	gusakuza
n.	cry of alarm	induru
verb	cry out, to	gusakabaka
verb	cry, to {Why are you crying?}	kurira {Uralizwa n'iki?}

parts of speech	english	kinyarwanda
phrase	crying., Stop	Reka kulira.
verb	cultivate, to {He went to cultivate.}	guhinga {Yagiye guhinga.}
n.	cultivator	umuhinzi (pl. abahinzi)
adj.	cunning	inyalyenge
n.	cup	igikombe (pl. ibikombe)
n.	cupboard	akabati (pl. utubati)
phrase	cure pottery, to	kotsa
phrase	cure vision, to	guhumuza
n.	curiosity	amatsiko
phrase	curiosity, strong	ipfa
n.	curriculum vitae	imibereho
verb	curse, to	kuvuma
n.	cushion	umusego (pl. imisego)
n.	custom	1) umuhango 2) umugenzo
verb	custom, to have a	kugenza
n.	cut (wound)	uruguma (pl. inguma)
verb	cut down, to (tree)	gutema
verb	cut lengthwise, to	gusatura, kwasa
verb	cut meat, to {I cut the meat.}	gukeba {Nakebye inyama.}
verb	cut off one's path, to	gutangira
verb	cut oneself, to	kwitema
verb	cut, to	gukata
verb	cut, to be	gucibwa
n., med	cyanosis	kweruruka
n.	dairy	ikaragiro
n.	dam	ikidendezi (pl. ibidendezi)
verb	damage, to	konona, kwangiza
verb	damp, to be	gukonja
verb	dance, to	guhamiriza
verb	dance, to {They know how to dance very well.}	kubyina {Bazi kubyina pe.}
n.	dancer	intore
n.	danger	akaga, imparagarara
verb	danger, to be in great	kuremerwa
phrase	dare to speak a word	kulikirutsa
verb	dare, to	gutinyuka, kubahuka
phrase	dark, to be	kwijima
phrase	dark, to get	kwira
phrase	dark., It is getting	Burije.
n.	darkness	umwijima
n.	date (in month)	itariki

parts of speech	english	kinyarwanda
n.	daughter	umukobwa (pl. abakobwa)
verb	dawdle, to	gusodoka
n.	dawn	umuseke
phrase	dawn, at	umuseke utambitse
phrase	day after, the	bukeye
phrase	day before yesterday	ejo bundi
n.	day {I walked all day.}	umunsi {Nagenze umunsi wose.}
phrase	day, hot part of	agasusuruko
phrase	day, late in the	igicamunsi
n.	daytime	amanywa
n.	dazzle	umujunju
adj.	dead	pfuye
phrase	dead-half	intere
n.	deadline	ikibaliro
verb	deadlocked, to be	gushoberwa
n.	deaf person {He is deaf.}	igipfamatwi {Yapfuye amatwi.}
adj. & n.	dear	ukundwa
n.	death	urupfu
n.	debauchery	insambanyi
n.	debt	umukopo (pl. imikopo), umwenda
n.	deceit	uburiganya
verb	deceive others habitually	gushukana
verb	deceive, disappoint	guhemuka
verb	deceive, to	1) guhenda 2) gushuka 3) kubeshya
n.	December	ukuboza, ukwezi kwa cumi n'abiri
verb	decide {Have you decided?}	kwemeza {Mwemeje iki?}
n.	decision (final)	umwanzuro
verb	defame, to	gusebya
n.	defense, in	gihamya, intangamugabo
verb	defile, to	guhumanya
verb	define	kurondora
verb	deflate	kubyimbura
verb	delay, to	gutinda
n.	delay, with	bitinze, hatinze
adv.	deliberately (carefully)	nkana
verb	delicious, to be {It is delicious.}	kuryoha {Biralyoshye.}
phrase	deliver, to come time to (pregnant woman)	kuramukwa
verb	delivered (from harm), to be	kurokoka
verb	delude oneself	kwibeshya

parts of speech	english	kinyarwanda
verb	demand, to {I request you come tomorrow.}	gusaba {Mbasabye ko muzaza ejo.}
n.	demon	daimoni
n.	den	isenga (pl. amasenga)
verb	denigrate, to	gukomora
verb	dense, to be (forest)	gukomana
verb	deny, to	1) guhakana 2) kunymoza
verb	depict, to	gushushanya
verb	deposit, to {Set this water in the kitchen.}	gutereka {Aya mazi uyatereke mu gikoni.}
verb	depreciate, to	guhinyura
n.	deprivation	gusa
verb	deprive oneself of, to	kwiyaka
verb	descend from, to	gukomoka
verb	descend, to; go down, to	kumanura, kumanuka
verb	describe, to	kurondora
n.	desert (ie. Sahara desert)	agasi
n.	design	umugambi (pl. imigambi)
phrase	desire, strong	irari
verb	desire, to	gushaka, kwifuza
n.	desk	ibiro
verb	despair, to	kwiheba
n.	dessert	ubwikuzo (pl. icyikuzo)
n.	destiny	munsi
n.	destitution	ubutindi
verb	destroy, to	gusenya
verb	deteriorate, to	1) guhinyuka 2) kurota
verb	detest, to	kuzinukwa
n.	devil	nyakibi, sekibi
n.	dew	urume, ikime
n.	dialogue	ikiganiro (pl. ibiganiro)
n., med	diaphragm	isapfu
verb	diarrhea, to have	guhitwa
verb	dicker, to	guhandaga
verb	die suddenly, to	kunanguka
verb	die, to (He died last night.)	gupfa, kwitaba Imana (Yapfuye mu ijoro ryakeye.)
phrase	die, to be about to {He is gravely ill.}	kuremba {Yararembye.}
phrase	different places, in	imihanda
verb	different, to be	gutandukana
adv.	differently	naho ubundi, ukundi
verb	difficult to decide, to	kujija, kuyobera

parts of speech	english	kinyarwanda
verb	difficult, to be {It is difficult to find work.}	gukomera {Kubona akazi birakomeye.}
n.	difficulty	ingorane
verb	dig in the garden, to	guhinga
verb	dig up, to	kuzura
verb	dig, to	gusesa
n.	dignity	ubwiyubahe
verb	diminish the quantity, to	guhizuka
n.	dinner (night)	ibyo kurya bya ni joro
n.	dinner (noon)	ibyo kurya by'isaa sita
n.	diploma	impamyabushobozi
verb	direct	kuyobora
n.	direction	icyerekezo
n.	director	ubutegetsi
n.	dirtiness	umucafu, umwanda
adj.	dirty {The house is dirty.}	-bi (mubi, kibi etc) {Inzu irasa nabi.}
verb	dirty, to be	kugira umwanda
n.	disagreement	amakimbirane
verb	disagreement, to be in	kuyoberanwa
verb	disappear abruptly	kurigita
verb	disappear completely, to	guhera
verb	disappear in the distance, to	1) gushubera 2) kurembera
verb	disapprove, to	guhinyura
n.	disaster	icyozero
verb	discard, to {Do not discard these papers.}	guta {Wita izo mpapuro.}
verb	disconnect, to	gutandukana
verb	discourage	gucogoza
verb	discover, to	1) guhimba 2) kuvumbura
verb	discuss, to (I want to discuss the agenda for Saturday.)	kuvugana (Ndashaka kuvuga kuri gahunda yo ku wa gatandatu.)
n.	discussion	impali
n.	disdain	akamesero (pl. utumesero)
n.	disdain, contempt	agasuzuguro, umugayo
verb	disentangle, to	gusobanura
verb	disentangled, to be	gukiranuka
n.	disgust	imbogamizi
n.	dish	isahani (pl. amasahani)
phrase	dishonest person	umuhemu
verb	dishonest towards, to be	guhemura
n.	dishonesty	igihemu (pl. ibihemu)
verb	dishonesty, to show	gutata

40

parts of speech	english	kinyarwanda
verb	dislike, to	kwanga
verb	dislocate from others, to	gutatana
verb	dislocate, to (one's joint)	gukuka
adj.	disobedient	ingambarazi
phrase	disobedient child	tereriyo
verb	disobey, to	gusuzugura
n.	disorder	imvururu
verb	disperse, to	1) gutatana 2) kunyanyagiza
n.	dispute {We had a dispute, I convinced him of his error.}	impaka {Twagiye impaka, ndamutsinda.}
verb	disrespect, to	kubahuka
n.	dissension	umwilyane
verb	dissolve, to	kujenda, gushonga
verb	dissuade	kuzeyura
n.	distance	intera, umuranya
verb	distinct, to be	gutandukana
verb	distinguish between, to {Space out the chairs.}	gutandukanya {Tandukanya izo ntebe.}
verb	distract, to	guhugenza
n.	ditch	umuserege (pl. imiserege)
verb	diverge, to {They are different workers.}	kunyurana {Bafite imilimo inyuranye.}
phrase	divergent testimony	amayurane
verb	divide in many parts, to	gusatura
verb	divide, to	kugabanya
n.	division	igice (pl. ibice)
verb	divorce, to	kwahukana
verb	dizziness, to experience	kuzengerera
verb	do over, to	kongera
imper.	do quickly	kugira vuba
verb	do something, to	gucira
phrase	Do you have children?	Ufite abana?
phrase	Do you have time?	Ufite umwanya?
phrase	Do you have...	Ufite...
phrase	Do you need to go to the bathroom?	Ukeneye kuzya mu cyomba bogerduro?
n.	doctor (academic, medicine)	umuganga (pl. abaganga)
n.	document	urwandiko (pl. imyandiko)
n.	dog	gagungu, imbwa
verb	dominate, to	kuganza
n.	donkey	indogobe
n.	donut	ilindazi (pl. amandazi)
n.	door	umwango (pl. imyango), urugi

parts of speech	english	kinyarwanda
n.	doorway	umuryango (pl. imiryango)
n.	dormitory	icumbi (pl. amacumbi)
n., med	dose of medication by enema	umwino
verb	doubled-up , to be	kwigorora
verb	doubt, to	gushidikanya, kwijana
n.	dove	inuma
n.	dowry	inkwano
verb	dowry, to pay (give a cow as dowry)	gukwa
verb	drag along, to	gukurubana
verb	draw back a bow, to	kurasa
verb	draw near, to	kwegera
verb	draw, to {What did you draw?}	gushushanya {Washushanyije iki?}
verb	dread, to	kwicura
n.	dream	inzozi
verb	dream, to	kurota
verb	dress another, to	kwambika
verb	dress beautifully, to	kurimba
verb	dress oneself, to	kwambara
verb	dress, to	gufunika
n.	dresser	ibiro
n.	drink	ikinyobwa (pl. ibinyobwa)
verb	drink a little, to	kunuga
verb	drink a lot, to	kujabama
verb	drink, to	1) gusoma 2) kunywa
n.	drinking milk	inshyushyu
verb	drip urine, to	kunyareguzwa
verb	drip, to	gutonyanga
verb	drive away, to	gutera
verb	drive stake, to {Sink the large pillars.}	gushinga {Shinga ibiti binini.}
verb	drive toward, to; to direct towards	kwerekeza
verb	drive, to	kuyobora
n.	driver	umushoferi
verb	drown, to	kurohama
n.	drug (narcotic)	ikiyobyabwenge
n.	drum	ingoma
verb	dry, to	1) gukamya 2) kuma
verb	dry, to be	gukama
n.	duck	igishuhe (pl. ibishuhe)
verb	dull, to be (tool)	kugimba, gutiga
n.	dungeon	agaso

parts of speech	english	kinyarwanda
n.	dust	umukungugu
verb	dust, to	guhanagura
n.	duty	umurimo (pl. imirimo)
adj. & n.	dwarf	igikuri (pl. ibikuri)
verb	dwell, to	gutura
n.	dwelling place, house	inturo, inyubakwa
n.	dying person	indembe
n	dynamite	urutambi
n., med	dysentery	amacinya
pronoun	each (We each gave 100 francs.)	buri wese (Twatanze ijana buri wese.)
n.	eagle	kagoma
n.	ear	ugutwi (pl. amatwi)
n.	ear (of sorghum)	ihundo (pl. amahundo)
adv.	early	kare
verb	earn, to; to gain	kunguka, kubona
n.	earth	isi, igitaka
n.	earth (ground)	itaka
n.	earthquake	igishyitsi
n.	ease (Make yourself comfortable.)	umutuzo (Mwishyire mu mutuzo.)
n.	Easter {Happy Easter.}	ipasika {Paskika nziza.}
verb	easy, to be	koroha
verb	eat a lot, to	gukegeta
phrase	eat often, to	kulyagagura
verb	eat, to {I am going to buy something to eat.}	kurya {Ngiye kwigulira ibyo kulya.}
n., med	ecchymosis	igipfupfuli
phrase	eclipse of the sun	ubwirakabili
n.	eclipse; darkness in daytime	ubwirakabiri
verb	economical, to be	kurondereza
verb	economize	kubika
n. med	ectropion	umunyama
n.	edge of a hat	urugara
verb	educated, to be	kujijuka
n.	education	uburezi
n.	effect	ingaruka
verb	effort, to make an {He is trying very hard.}	kwihata {Yalihase.}
n.	egg	igi (pl. amagi)
n.	egg of insect	umugi
n.	eggs {I am cooking the eggs.}	amagi {Ntetse amagi.}
adj. & n.	eight	munani

43

parts of speech	english	kinyarwanda
n.	eight hundred	magana inani
n.	eighteen	cumi n'umunane
n.	eighty	mirongo inani
adj. & n.	eighty	mirongwinani
n.	eighty-one	mirongo inani na rimwe
n.	eighty-two	mirongo inani na kabiri
n.	elbow	inkokora
n.	election	itora (pl. amatora)
n.	electricity	amashanyarazi
n.	elephant	inzovu
n., med	elephantiasis of legs	imisozi
n.	eleven	cumi na rimwe
adv.	elsewhere (Nowhere else.) {Everywhere else.}	ahandi (Nta na hato.) {Aho ari ho hose.}
verb	embarrass	kubangama
verb	embellish, to	1) gutaka 2) kugoshya
verb	embers	ikara
verb	embrace, to	guhobera
n.	employee	umukozi (pl. abakozi)
n.	employer (female), boss (female)	mabuja
n.	employer (male), boss (male)	databuja
adj.	empty	gusa
verb	empty, to	gukuma
verb	encircle, to	gutangatanga
n.	enclosure	urugogo (pl. ingogo)
verb	encourage to make an effort	gushishikaza
verb	encourage, to	gukomeza
n.	end	1) iherezo 2) impera 3) imperuka
n.	end {The last time we saw you, you were ill.}	iheruka {Ubwo duherukana wali urwaye.}
phrase	end of dry season	guhanguka
verb	end, to	guheza
verb	end, to be near the	guhera
adj. & n.	enemy	umwanzi
n.	energy (strength)	imbaraga
n., adj	English (Do you speak English?)	icyongereza (Uvuga icyongereza?)
phrase	Enjoy your meal!	Muryoherwe!
verb	enough, to be	gukwira
interj.	Enough.	Oya ayo.
adv.	enough?, It is	Birahagije?
verb	enrich, to	gukungahaza

44

parts of speech	english	kinyarwanda
verb	ensure the life	guhagarika
verb	enter, to	kwinjira
verb	entertain	gusetsa
verb	entice, to	gushukashuka
adv.	entirely	rwose
phrase	entrance forbidden	mu muhezo
n.	epidemic	icyorezo (pl. ibyorezo)
n., med	epigastric	akameme
n., med	epigastric hernia	ikirusu
n., med	epilepsy	igicuri
verb	epistaxis (nosebleed)	gukanuka
verb	equal, to be (age, size)	kungana
verb	equal, to be (height)	kuringanira
verb	equal, to make	kuringaniza
verb	equivalent, to be	kungana
verb	erase, to	gusiba
n.	erection	umushyukwe
n.	erosion	isuri
n.	error	ifuti, ikosa (pl. amakosa)
verb	error, to make an	gucikanwa
verb	escape comprehension {I do not understand anything.	kuyobera {Biranyobeye.}
verb	escape the memory of, to	kwibagira
verb	escape, to	gucika
verb	escort, to	guherekeza
n. med	esophageal reflux	ikirungurira
adj.	especially	cyane cyane
adj.	essential	ingombwa
verb	establish, to	gushinga
n.	esteem	icyubahiro
verb	estimate, to	gucira
adv.	even	ndetse
adv.	even if	bona
phrase	even though, although	nubwo, naho
n.	evening	umugoroba
verb	evening, to become	kugoroba
n.	event	ishyano (pl. amahano)
adj.	every, whole (always)	-ose (iminsi yose)
adj.	everyday	iminsi yose
adv.	everywhere, throughout	hose, imihanda
verb	exaggerate, to {It was exaggerated.}	gukabya {Birakabije.}

45

parts of speech	english	kinyarwanda
n.	examination	ikizami (pl. ibizami)
verb	examine carefully, to	gusesengura
verb	examine, to	gupima
verb	examine, to {We will examine it with attention.}	gusuzuma {Tuzabisuzuma twitonze.}
n.	examiner	umusuzumyi (pl. abasuzumyi)
n.	example	icitegererezo
n.	example {We give a good example.}	urugero {Dutange urugero rwiza.}
adv.	exceedingly	cyane
verb	excellent, to be	kuryoha
prep.	except	keretse, uretse, kereka
n.	excess, surplus	igisaga (pl. ibisaga), ikirenga
phrase	excessive price; exaggerated price	igihendo
verb	exchange greetings, to	kuramukanya
verb	exchange, to	kugurana
verb	exclude, to	kuzira
prep.	excluding	uretse
n.	excrement	amalyi
n.	excursion	umutambagiro (pl. imitambagiro)
n.	excuse	urwitwazo
phrase	Excuse me.	mpore, bambe, nako, Mbabarira.
verb	exercise, to {They do football training.}	kwitoza {Balitoza gukina umupira.}
verb	exercises, to do	kwiyereka
verb	exhaust, to	1) gucogoza 2) kugadika
verb	exhausted, to be	gushira
n.	exhaustion	umunaniro
verb	exhibit	gutanganika
verb	exhume, to	kuzura
verb	exile, to be in	guhungira
verb	exist, to	kuba
n.	existence	imibereho, ubugingo
verb	expect, to	kurindira, kwiringira
verb	experience	kugerageza
verb	expire, to (die)	guhuhuka
verb	explain in detail, to	kurondora
verb	explain, to	gufutura, gusobanura
n.	explanation	igisobanuro (pl. ibisobanuro)
verb	explore, to	kwitegereza
verb	extend (a hand), to	gutega
verb	extend the boundaries of	kwagura
verb	extenuate, to	guhodoka

46

parts of speech	english	kinyarwanda
verb	exterminate, to	gutsemba
verb	extinguish, to {I am turning off the engine.}	kuzimya {Ngiye kzimya moteri.}
verb	extinguished, to be {The engine is off.}	kuzima {Moteri irazimye.}
verb	extort, to	guhenda
adj.	extraordinary	akataraboneka, ihoho
adv.	extremely	pe, bikabije
n.	eye (pl. eyes)	ijisho (pl. amaso)
phrase	eye, something in the	ibitotsi
n.	eyebrow, eyelid	ikigohe (pl. ibigohe)
n.	eyelash	urugohe (pl. ingohe)
n., med	eyes	amaso
n.	fable	umugani (pl. imigani)
verb	fable, to tell a	guca umugani
verb	face (someone) to	guhangana
verb	fade, to	gucyuya
verb	fail to respect one's engagements	guhemuka
verb	faint, to	kuraba
verb	fair, aim to be	kuboneza
n.	faith	ukwizera
adj.	faithful	umurava
phrase	faithful person	indahemuka
verb	fall from above, to	guhanuka, guhubuka
verb	fall heavily, to (rain)	kuriduka
verb	fall ill, to	kurwara
verb	fall on, to	kugwira
verb	fall over, to	kurongomera
verb	fall over, to make	guhirika
verb	fall strongly, to	kwirenga
verb	fall, to	1) kugwa 2) gushoka
verb	fall, to cause to	kugusha
verb	false, to be	gukosama
n.	fame	inkuru
n.	family	umuryango (pl. imiryango)
n.	famine	inzara
adj.	famous	ikirangirire
n.	fare, price	ihoro, ikiguzi (pl. ibiguzi)
verb	farewell, to bid	gusezera
n.	farmer	umuhinzi (pl. abahinzi)
verb	fast, to	kwiyiriza ubusa, kwigomwa
verb	fast, to be	kunyaruka

parts of speech	english	kinyarwanda
n.	fat	amavuta, ikinure
verb	fat, to be	kubyibuha
n.	father (my)	data, umukambwe
n.	father (or respected elder)	umukambwe
n.	fatigue	umuruho
phrase	fatigue, extreme	guca intege
verb	fatigued, to be {I am tired.}	kunanirwa {Ndarushye.}
n.	fault	amakemwa
phrase	favorite of the boss	umutoni
verb	favorite, to be a	gutona
n.	fear	umususu
n.	fear {I was scared.}	ubwoba {Nali mfite ubwoba.}
verb	fear, to (There is nothing to fear.)	gutinya, kugira ubwoba, kwishisha (Nta giteye ubwoba na kimwe.)
verb	fear, to have	1) kuboba 2) guhanda
adj.	fearful	igikuke
verb	fearless, to be	gutinyuka
verb	feasible, to be {It is possible.}	gushoboka {Birashoboka.}
verb	feast, to give a	kuzimana
n.	feather	iryoya (pl. amoya)
n.	February	Gashyantare, ukwezi kwa kabiri
n.	fee paid to witch doctor	ingemu
phrase	Feel at home.	Murisanga.
verb	feel, to	kumva
n.	female	igitsina-gore
n.	fence	uruzitiro (pl. inzitiro)
phrase	fence to protect, to	kuzitira
phrase	fertile ground	uburumbuke
verb	fertile, to be (land)	kurumbuka
n.	fertilizer	ifumbire
n.	fever	ubuganga, umuriro
n.	fever {He has a high fever.}	umuliro {Afite umuliro mwinshi cyane.}
adj.	few (not many hills)	-ke (imisozi mike)
n.	field	isambu (pl. amasambu)
n.	fifteen	cumi na gatanu
adj. & n.	fifty	mirongwitanu, mirongo itanu
n.	fig tree	umutini (pl. imitini)
verb	fight, to	kurwana, kurwanya
verb	filled to the brim, to be	gusendera
verb	filter, to {Filter the tea.}	kuminina {Minina icyayi.}
adv.	final	burundu

parts of speech	english	kinyarwanda
phrase	final word	umwanzuro
adv.	finally	byimazeyo
verb	find lost object, to	gutora
verb	find out, to	kubaza
verb	find, to {I found them.}	1) kureba 2) kubona {Nazibonye.}
n.	fine	neza
n.	fine (ie, to pay a)	amande
n.	finger	urutoki (pl. intoki)
n.	finger, index	mukubitarukoko
n.	finger, little	agahera
n.	finger, middle	musumbazose
n.	finger, ring	marere
n.	fingernail	urwara (pl. inzara)
verb	finish at a certain place, to {I go as far as Kabgayi, not any further.}	kugarukira {Ndagarukira i Kabgayi.}
verb	finish off the milk, to	guhumuza
verb	finish, to {Are you finished?}	kurangiza {Warangije?}
verb	finish, to {I came to wash the bottles and now I am going to put them away.}	kumara {Maze koza amacupa none ngiye kuyabika.}
verb	finish, to {Is the work finished?}	kurangira {Birarangiye?}
verb	finish, to {There is no more money.}	gushira {Amafaranga yarashize.}
verb	finished, to be	guhumuza
verb	finished, to be completely	guhehuka
n.	fire	umuriro
n.	fireplace	iziko
n.	firewood	urukwi (pl. inkwi)
verb	firewood, to gather	1) gusenya 2) gutashya
phrase	first stage of the game	urumwe
adv.	first, to do	kubanza
n.	fish	ifi (pl. amafi), isamaki
verb	fish, to {Did you catch a lot of fish?}	kuroba {Warobye amafi menshi?}
n.	fisherman	umurobyi (pl. abarobyi)
n.	fishing equipment	urushundura
n.	fist	igipfunsi
adj. & n.	five	-tanu
n.	five hundred	magana atanu
n.	five months	amezi atanu
n.	five thousand	imihumbi bitanu
n.	five times	gatanu
verb	fix, to	gutera
verb	flabby, to be	gutigita

parts of speech	english	kinyarwanda
n.	flag	ibendera (amabendera)
n.	flashlight	isitimu
n.	flat object	ikimatali (pl. ibimatali)
verb	flat, to be	gutambika, kuringanira
verb	flat, to make	kuringaniza
verb	flatter, to	gushyedeka
n.	flattery	amigure
verb	flavor, to lose	gukayuka
n.	flea	imbaragasa
verb	flee, to	guhunga
n.	flesh	umubiri
n.	flock (of sheep)	umukumbi
n.	floor	1) hasi 2) ifu
verb	flourishing, to be	gusagamba
verb	flow, to	gutemba
n.	flower	uburabyo, ururabo (pl. inrabo)
n.	flower {Did you put the flowers in water?}	indabyo {Washyize idabo mu mazi?}
n.	fly	isazi (pl. amasazi)
verb	fly, to	kuguruka
n.	fog	igihu
verb	fold again, to	kuzinga
phrase	follow someone in a position	gusimbura
verb	follow, to {He is doing well in class.}	gukurikira {Akulikira neza.}
n.	folly	ubupfu
phrase	food for journey	impamba
n.	food shortage	amapfa
n.	foolish person	igicucu (pl. ibicucu)
verb	foolish, to be	kubura umutima
n.	foolishness	ubupfu, ubusazi
n.	foot	ikirenge (pl. ibirenge)
interj.	For pity's sake!	Nyabuneka!
verb	forbid entry, to	guheza
verb	forbidden, to be	kuzira
verb	force someone to take something, to	gukulika
verb	force, to {Do not force the key in the door.}	guhata {Wihata urwo rufunguzo mu rugi.}
n.	ford	umwaro
n.	forehead	uruhanga
n.	foreigner	umunyamahanga (pl. abanyamahanga)
verb	foresee, to	kwitega

50

parts of speech	english	kinyarwanda
n.	forest	ishyamba
verb	foretell, to	guhanura
verb	forget completely, to	kujijwa
verb	forget, to momentarily	guhuga
verb	forget, to {I forgot the books.}	kwibagirwa {Nibagiwe ibitabo.}
adj.	forgetful {He is very forgetful.}	amazinda {Agira amazinda cyane.}
verb	forgotten, to have	kugira amazinda
n.	fork	ikanya (pl. amakanya)
adv.	formerly	hambere
verb	forsake, to	kureka
verb	fortify, to	gukomeza
verb	fortunate, to be	guhirwa
adj. & n.	forty	mirongwine
verb	forward something, to	gushyitsa
n.	fountain	isoko
adj. & n.	four	kane, -ne, enye
n.	four hundred	magana ane
n.	four months	amezi ane
n.	fourteen	cumi na kane
n.	fowl	inkoko
n.	fox	umuhali (pl. imihali)
n.	fracture	imvune
n.	fragment	urujyo
n.	franc	ifaranga (pl. amafaranga)
verb	free, to or to clear	guhaganyura
verb	freedom, to have	kwidegembya
n.	French	umufaransa
adj.	fresh, cool (cool water)	-bisi (amazi mabisi)
n.	Friday	ku wa gatanu
n.	friend	inshuti, mugenzi
n.	friend (He is a good friend.)	mugenzi w'umuntu (Ni incuti nziza.)
phrase	friend of opposite sex	igikufi
phrase	friend, close	inkoramutima
verb	friends, to be good	gusabana
n.	friendship	ubucuti
n.	friendship, close	ubusabane
verb	frightened, to be	guhukwa
n.	fringe	inshunda
verb	frivolous, to be	gupfayonga
n.	frog	inkeli

parts of speech	english	kinyarwanda
prep.	from, (time)	i, ku, mu
phrase	front of, in	imbere
n.	frontier (border)	urugabano
n.	froth, foam	ifuro
verb	frown, to	gukambya
verb	frugal, to be	kurondereza
n.	fruit	imbuto
verb	fry, to	gukaranga
verb	full of admiration, to be	gutangara
verb	full, to be (not hungry)	kwijuta, gusonzoka
adv.	fully	bwite
n.	funeral mound	igituro, imva
n.	funnel	akagereshi, umubilikira
phrase	funnel fit with a filter	umutangazo
n.	fur	ubwoya
verb	furious, to be	kurubira
verb	furnish	gutunga
adv.	furthermore	kandi, byongeye kandi
verb	fuss, to	kwitonganya
n.	future	ibihe bizaza
n.	gain	iyungu
verb	gain control of	guherana
n., med	gallbladder	agasaho
n.	game	umukino (pl. imikino)
n.	game, wild	inyamaswa
n.	gap	umwenge
n.	garden	ubusitani, umurima
n.	gardener	umuhinzi (pl. abahinzi)
n.	garlic	itungurusumu
n.	garment	umwambaro (pl. imyambaro)
phrase	garnish with pearls	gutaka amasaro
n.	gastritis	kurwara igifu
n.	gate	irembo (pl. amarembo)
verb	gather firewood, to	gusenya
verb	gather together, to	guterana
n.	gathering	iteraniro, ikoraniro
n.	gazelle	ingeragere
n.	gazette	igazeti (pl. amagazeti)
adj. & n.	general	rusange
n.	generosity	amasabo, ubuntu

52

parts of speech	english	kinyarwanda
adj.	generous	ugira ubuntu
verb	generous, to be	kugira ubuntu
verb	gentle, to be	gutuza
adv.	gently	buhoro-buhoro
verb	germinate, to {The sorghum sprouted.}	kumera {Amasaka yarameze.}
phrase	get a long well, to	guhinira bien
verb	get bogged down, to {The car was stuck in the mud.}	gusaya {Imodoka yasaye.}
phrase	get slack, to	gutezuka
verb	get up abruptly, to	kwikubita
verb	get up early, to	kwibatura
verb	get up early, to {I will get up early in the morning.}	kuzinduka {Ndazinduka.}
verb	get up out of bed, to	kubyutsa
verb	get up quickly, to	kubaduka
verb	get used to, to	kumenyereza
verb	get, to; to be given	guhabwa, kubona
n.	ghost, ancestral	umuzimu
n.	giant	igihangange, kavungamigeyo
n.	gift	impano, impongano
n.	giraffe	intwiga
n.	girl	umukobwa (pl. abakobwa)
n.	girl (teenage)	inkumi
verb	give a treatment, to	kuvura
verb	give an erroneous response, to	gufudika, kuyoba
verb	give birth, to	kwibaruka
verb	give completely, to	kwegurira
verb	give up, to	kwigomwa
verb	give, to	guha, kugaba, gutanga
verb	glad, to be {Everyone wants to be happy.}	kunezerwa {Buli muntu ashaka kunezerwa.}
phrase	glance	kumama akajisho
n.	glass {A glass was broken.}	ikirahuri (pl. ibirahuri){Ikirahuli kiramenetse.}
n.	glasses (eye)	amataratara, indorerwamo
n.	glucose	isukari
n.	glue	ubujeni
n.	glutton	umuyongobezi
n.	gluttony	ivutu
verb	go and rest a long time	guhera
phrase	go and return quickly	umukubirano

parts of speech	english	kinyarwanda
verb	go back to, to	gusanga
verb	go back, to	kubirindura
verb	go from place to place, to	kujarajara
phrase	go on further, to	kurombereza
phrase	go out (fire) , to	kuzima
phrase	go out against, to	guhurura
verb	go over it, to	kurenga
verb	go past, to	guca ho
verb	go to bed, to	kuryama
verb	go to find, to {Go find Kaitlyn.}	gusanga {Sanga Kaitlyn.}
verb	go to help, to	kuvuna
verb	go to visit, to {I am going to visit Allie.}	gusura {Ngiye gusura Allie.}
verb	go towards, to	gusanga
phrase	go up hill, to	kuzamuka
phrase	go with, to	kugendana, kujyana
verb	go, to	kugenda (no place noted)
verb	go, to	kujya (place noted)
n.	goat	ihene
n.	goat manure	amahurunguru
n.	goat milk	amahenehene
n.	God	Imana
n.	gold	izahabu
interj.	good	byiza, bitunganye
adj.	good (a good man)	-iza, neza, (umuntu mwiza)
n.	good afternoon	mwiriwe, mwiriweho, wiriwe
n.	good evening	umugoroba mwiza
phrase	Good morning.	Mwaramutse.
phrase	Good-bye.	Murabeho. (long time)
phrase	Good-bye.	Muririrwe., Muririrweho.
phrase	Good-bye.	Mwirigwe. (short time)
phrase	good-for-nothing	1) injati 2) rukende
n.	good-morning	mwaramutseho
n.	good-night	muraramukeho
n.	gorilla	ingagi, ikigame
n.	Gospel	Ubutumwa Bwiza
n.	gossip	1) amazimwe 2) inzimuzi 3) urukombati
verb	gouge out	kunogora
n.	gourd	igicuma (pl. ibicuma)
verb	govern, to	gutegeka
n.	government	Leta, ubutegetsi

parts of speech	english	kinyarwanda
verb	grab by the neck, to	kuniga
verb	grab, to	gufata
verb	grab, to; to seize	gusumira, gufata
n.	grace	inema, ubuntu
n.	grandchild	umwuzukuru
n.	grandfather	sogokuru, sekuru
n.	grandmother	nyogokuru, nyirakuru
verb	grant, to	gutanga, kwemera
n.	grape	umuzabibu (pl. imizabibu)
n.	grapefruit	igicunga-ndimu
phrase	grass ring used to carry load	ingata
n.	grave	imva
n.	gravel	umucanga munini
verb	gravely ill, to be	kurwalika
verb	graze, to	kurisha
n.	grease	amavuta
phrase	great injustice	urwico
phrase	great tragedy	ikorere
adj.	greedy	1) imburuburu 2) inkugusi
adj.	green (color)	bisa n'ibyatsi bibisi
adj.	green (unripe)	-toto
n.	green bean	umuteja (pl. imiteja)
verb	greet, to (in a letter)	1) kuramutsa 2) gusuhuza
verb	greet, to {He went to greet them in Effingham.}	gusanganira {Yagiye kubasanganira i Effingham.}
n.	greetings	intashyo, hobe
n.	grief	umubabaro, agahinda
verb	grind, to	guhondahonda
verb	grind, to {Are you grinding the sorghum?}	gusya {Waseye amasaka?}
verb	grind, to {She grinds the sorghum.}	gusekura {Arasekura amasaka.}
n.	grinding stone	urusyo
n.	groan	umwano
verb	groan, to; to wail	gutaka, kuganya
n.	groin	imisumbi
n.	ground	hasi
n.	ground nut, peanut	akabemba (pl. utubemba), ikinyobwa
verb	ground, to be	gusebwa
n.	group	agatsiko
n.	group (for work)	icyiciro
phrase	group of cadets	itorero

parts of speech	english	kinyarwanda
verb	**grow, to**	gukura
verb	**growl, to**	gutota
verb	**grumble, to**	kwivovota
n.	**guard**	umukumirizi
n.	**guard**	umuzamu (pl. abazamu)
phrase	**guard a secret, to**	kubika
verb	**guard, to {I am waiting for Zoey.}**	kurinda {Ndinze Zoey.}
n.	**guardian**	inkingi, urwego
verb	**guess, to**	gufinda, gufora
n.	**guest room**	icumbi (pl. amacumbi)
n.	**guide**	umuyobozi (pl. abayobozi)
n.	**gullibility**	amilingire
n.	**gun**	imbunda
n.	**gutter**	iteme
n.	**habit**	ingeso
n.	**hail**	urubura
n.	**hair (not human)**	urwoya (pl. ubwoya)
n.	**hair (of human)**	umusati (pl. imisati)
adv.	**half**	inusu
phrase	**half-filled, to be**	gucagata
n.	**hamlet**	umuhana
n.	**hammer**	inyundo
n.	**hammock**	ingobyi
n.	**hand**	ikiganza (pl. ibiganza)
verb	**hand over, to {Carry them to Madalyn.}**	gushyira {Bishyire Madalyn.}
n.	**hand towel**	isume, itahuro
phrase	**hand tremor**	gutitimira
n.	**handcuffs**	ipingo (pl. amapingo)
n.	**handkerchief**	umuswali (pl. imiswali)
n.	**handle of cup, pail**	umukondo
verb	**hang up, to**	kumanika
verb	**hang, to**	kunagana
verb	**happen unexpectedly, to**	gutungura
n.	**happiness**	umunezero
phrase	**Happy birthday.**	Isabukuru nziza y'amavuko.
verb	**happy, to be**	guhirwa, kunezererwa
verb	**happy, to be {We are happy.}**	kwishima {Tulishimye.}
verb	**happy, to make**	kunezeza, kunezereza
verb	**harass, to**	guhahana
n.	**harbinger**	amendenze

56

parts of speech	english	kinyarwanda
phrase	hard feelings, no	nta mpfane
verb	hard, to make	kugamba
verb	harden, to	gukoba
n.	hardness, severity	icyusa
n.	hare	ijogomo (pl. amajogomo)
verb	harm someone, to	guhemura
adj.	harsh person	1) katambwa 2) ibamba 3) umunyamwaga
n.	harshness	umwaga
n.	harvest	umwero
verb	harvest millet, to	kugesa
verb	harvest, to {Go harvest some beans to have for dinner.}	gusoroma {Jya gusoroma imboga zo guteka.}
verb	harvest, to {We are going to harvest the beans.}	gusarura {Tugiye gusarura ibishyimbo.}
n.	hat	ingofero
verb	hate, to {He dislikes you friend.}	kwanga {Yanga mugenzi we.}
verb	have a fever, to	gushushirwa
phrase	Have a good evening.	Mugire umugoroba mwiza.
phrase	Have a good morning.	Mugire umunsi mwiza.
phrase	Have a good night.	Mugire ijoro rwiza.
phrase	Have a good trip.	Mugire urugendo rwiza.
n., med	have a prolapsed rectum, to	kuzana byose
verb	have a stool (bowel movement), to	kunya
phrase	have abnormal menstruation, to (close together)	kwigimba
verb	have authority, to	kuyobora
verb	have confidence in, to	kwiyara
phrase	have favorable harvest	kweza
verb	have in common, to	gusangira
verb	have menstruation	kuba mu maraso
verb	have skin lesion, to	kugosha
verb	have thanks, to	gukesha
phrase	Have you eaten? (pleural)	Mwariye?
phrase	Have you eaten? (singular)	Wariye?
verb	have, to {I am without work for the moment.}	-fite, kugira {Ubu ndicaye nta kazi mfite.}
n.	haze	igihu
pronoun	he	we, a- (verb prefix)
n.	head	umutwe (pl. imitwe)
n.	headache	uburibwe bw'umutwe
phrase	headache., I have a	Umutwe urandya.

57

parts of speech	english	kinyarwanda
verb	heal, to; to cure	gukira, gukiza, kuvura
n.	health	ubuzima
n.	health center	ivuriro
adj.	health, to be in good	-taraga (adj)
adj.	healthy {He is in good health.}	-zima (muzima) {Ni muzima.}
n.	heap	ikirundo
verb	heap, to	kurunda
verb	hear, to {Start again, I did not hear well.}	kumva {Subiramo sinumvise.}
n.	heart	umutima (pl. imitima)
n.	heat	ubushyuhe
verb	heat, to {Warm up the water for me.}	gushyushya {N'shyuhiliza amazi.}
adj. & n.	heathen	umupagani
n.	heaven (It is a stroke of good fortune.)	ijuru (Imana yigenza.)
verb	heavy, to be {The boxes are heavy.}	kuremera {Amasanduku araremereye.}
n.	hedge	uruzitiro
n.	heel	agatsinsino (pl. udutsinsino)
n.	height	1) igihagararo 2) urugero 3) ubuhagarike
interj.	Hello.	Muraho.
verb	help to look for, to	gushakisha
phrase	help willingly, to {We're going to help Elijah, his house is burning.}	gutabara {Dutabare kwa Elijah, harahiye.}
verb	help, to go	kugoboka
verb	help, to {They will help us repair the foundation.}	gufasha {Bazadufasha gusana ahalimbutse.}
phrase	help, unexpected	ingoboka
n., med	hematuria	1) amaseke 2) rukaka 3) ikiyaro
n.	hemorrhage	kura amaraso
n.	hen	inkokokazi
n.	hepatitis	kurwara umurjimo
adj & pr	her	we, cye, bye
n.	herd	ishya
adv.	here	hano, ino, aha
adv.	here (Here and there.)	hano (Irya n'ino.)
adv.	here is	dore
phrase	Here is my prescription for medicine.	Dore ibyategetwe na muganga wanjye.
phrase	hereditary trait	akarande
n.	hero	imbimbura
n., med	herpes	igisekera
verb	hesitate, to	gushidikanya, gutindaganya, kuzina, kwiginagina

parts of speech	english	kinyarwanda
n.	hiccup	isepfu
verb	hide from sight, to	gukingiriza
verb	hide, to	guhisha
adj.	hideous	umwaku
n.	hiding place (secretly)	amahisho
adj.	high, deep (a tall man)	-re (umuntu muremure)
phrase	high, on	hejuru
n.	hill	umusozi (pl. imisozi)
verb	hinder from getting, to	kuvutsa
verb	hinder one from going, to	gutangira
verb	hinder progress, to	kudindiza
verb	hinder, to	gukoma
n.	hinderance	inkomyi
n.	Hindu	Umuhindi
n.	hinge	ipata
n.	hip joint	inyonga
n.	hippopotamus	imvubu
verb	hire, to	gukodesha
n.	hired person	umucanshuro (pl. abacanshuro)
adj & pr	his	we, cye, rwe
n.	history	ikuru, histwari
phrase	hit many times, to	guhondagura
verb	hitch up, to	gukunja
phrase	hither and yon	hirya no hino
n.	hoe	isuka (pl. amasuka)
phrase	hoe, handle	umuhini
verb	hoe, to	guhinga
verb	hold, to	gufata
n.	hole	umwobo
phrase	hole, small	intoboro
verb	hole, to get (as in pot)	gupfumuka
verb	hole, to make	gupfumura
verb	hollow out, to	gukorogoshora
verb	hollow out, to; dig, to	gucukura
adj.	holy	ziranenge
n.	Holy Spirit	Umwuka Wera
phrase	holy, to be	kwera, kwegurirwa Imana
prep.	home (Sheila's house)	kwa (kwa Sheila)
phrase	home, to go	gutaha
n.	honey	ubuki

parts of speech	english	kinyarwanda
n.	honor	icyubahiro, ishema
verb	honor, to	gusingiza, kubaha
n.	hoof	urwara (pl. inzara)
n.	hook	umununo, urushundura
n.	hope	1) ibyiringiro 2) icyilingiro
verb	hope, to	kwiringira
n.	hopscotch	kibaliko
phrase	horizontal position	uburambike
verb	horizontal, to be	gutambika
n.	horn (of animal)	ihembe (pl. amahembe)
n.	horse	ifarasi (pl. amafarasi)
n.	hospital (Kibogora hospital has a good reputation.)	ibitaro (Ibitaro bya Kibogora kikora neza.)
verb	hospitality, to give {Can you provide us lodging?}	gucumbikira {Ntimwaducumbikira?}
adj.	hot (It is hot today.)	gishyushye (None harashyushye.)
n.	hot chili	urusenda
phrase	hot springs	amashyuza
verb	hot, to be {It is hot.}	gushyuha {Harashyushye.}
n.	hour	isaha
n.	house (traditional)	inzu (pl. amazu)
phrase	house?, Why do you never come to our	Nta bwo iwanjye ajya ahagenda?
adv.	how (How are you feeling?)	-te (Umeze ute?)
adv.	how (manner)	uko, uburyo, ukuntu
phrase	How are you doing?	Ukora ute?
phrase	How are you?	Amakuru?
phrase	How are you? (reciprocated)	Amakuru yawe?
phrase	How do you do?	Muraho?
phrase	How is your family?	Amakuru yo murugo?
phrase	How long have you been ill?	Umaze igihe kingana iki urwaye?
phrase	How long?	Mu gihe kingana iki?
phrase	How many times?	Kangahe?
phrase	how many {This parcel costs how much?}	-ngahe (bangahe) {Ipake igurwa angahe?}
phrase	How much does this cost?	Nangahe?
phrase	How often?	Kangahe?
adv.	however	1) ariko 2) nyamara
n.	hug	umuhoberano (pl. imihoberano)
n., med	human cadaver	umupfu
adv.	humanly	runtu
verb	humble, to be	kwioroshya

parts of speech	english	kinyarwanda
n.	humerus	ikizigira (pl. ibizigira)
n., med	humerus (She broke her humerus but her mother did not believe it.)	ruseke (Yavunitse ruseke nyamara nyina ntiyabyemeye.)
adj. & n.	hundred (one hundred)	ijana
n. & adj.	hundred thousand	akazovu
n.	hunger	inzara
adj.	hungry {I am hungry.}	umushonji {Ndashonje.}
verb	hungry, to be	gusonza, kugira
n.	hunt	umuhigo
verb	hunt, to	guhiga, kwirukana
n.	hurry	ubuhubuke
n.	hurry, haste	ubwira
verb	hurry, to	kubanguka
verb	hurry, to	kwihuta
phrase	hurry, to be in a	kugira ubwira
n.	husband	umugabo
verb	husk, to	1) guhungura 2) gutonora
n.	hymn	indirimbo
n.	hypocrisy	uburyarya
verb	hypocrite, to be	kuba indyarya
adj.	hypocritical	indyarya
n., med	hysterical	indwara y'unkundo
pronoun	I	jye, jyewe
adj.	I alone	jyenyine
phrase	I am full.	Nda haze.
phrase	I am going to the airport.	Ngiye kukibuga cy'indege.
phrase	I am going to work.	Ngiye gukora.
phrase	I am going to...	Ngiye...
phrase	I am happy.	Ndishimimye.
phrase	I am hungry.	Nda shonje.
phrase	I am ill.	Ndarwaye.
phrase	I am looking for...	Nda shaka...
phrase	I am married.	Ndubatse.
phrase	I am not hungry.	Ntabwo shonje.
phrase	I am single.	Ndi ingaragu.
phrase	I am thirsty.	Mfite inyota.
phrase	I am tired.	Ndananiwe.
verb	I am.	Ndi.
phrase	I cannot.	Simbasha.
phrase	I do not like...	Sinkunda...
phrase	I do not want to go.	Sinshaka kujya.

61

parts of speech	english	kinyarwanda
phrase	I do not want...	Sinshaka...
phrase	I don't have money.	Nta mafaranga mfite.
phrase	I don't have time	Nta mwanya mfite.
phrase	I don't have...	Simfite...
phrase	I don't know.	Simbizi.
phrase	I don't understand.	Simbyumva.
phrase	I know.	Ndabizi.
phrase	I like...	Nkunda...
phrase	I live...	Ntuye...
phrase	I love Rwanda.	Nkunda u Rwanda.
phrase	I love you.	Nda gukunda.
phrase	I need a nurse right away.	Nkeneye umugango nonaha.
phrase	I need...	Nkeneye...
interj.	I say... (look here)	Niko...
phrase	I speak a little Kinyarwanda.	Imvuga ikinyarwanda gike.
phrase	I want something to treat diarrhea.	Nkeneye, nshaka ikintu kirwanya macinya.
phrase	I want to go.	Ndashaka kujya.
phrase	I want...	Ndashaka...
phrase	I work for...	Nkorera...
n.	ice	amazi akonje cyane
n.	idea	igitekerezo (pl. ibitekerezo)
n.	idiom	inshoberamahanga
n.	idiot	igicucu (pl. ibicucu)
adj.	idle	1) ubudeshyi 2) umushabizi
n.	idleness	ubwcalize
n.	idol	ikigirwamana
conj.	if	nimba, iyoba, ni, niba, yoko
n.	ignoramus	injiji
verb	ignorance, to bring out of	kujijura
verb	ignore someone to	kurangarana
n., med	iliac bone	mujongo
n., med	iliopsoas	isohoro
verb	ill, to be {I am ill.}	kurwara {Ndarwaye.}
n.	illness, disease, sickness, malady	indwara
n.	image	igishushanyo (pl. ibishushanyo)
verb	imitate, to	kwigana
adv.	immediately, right now	mu maguru mashya, nonaha, nbu ngubu, ubungubu
verb	immobilize by force, to	kujena
adj.	impartial	intabera
verb	impasse, to be at an	kudobera

parts of speech	english	kinyarwanda
verb	impatient, get	kurambirwa
n., med	impetigo	urukerera
verb	implore, to	gusaba
phrase	impolite person	umunyeshyamba
adj.	important (The important cities in Rwanda are...)	-kuru (Imigi mikuru mu Rwanda...)
verb	impossible to do, to be	kunanira
verb	impoverished, to become	kubwakara
adj.	impulsive	ikirahu
phrase	impulsive person	umukaramushi
phrase	in broad daylight	amanywa
phrase	In the house.	Mu nzu.
phrase	In the room.	Mu cyumba.
prep.	in, into	mu, muri
adj.	incapable	igishema, umuswa
n.	inception	inkomoko
n.	incipience	amendeze
n.	income	iyungu
verb	increase, to	kunguka
verb	inculcate, to	kwitoza
adv.	indeed; in fact	ndetse, koko
n.	independence	ubwigenge
verb	independent, to be	kwigenge, kwitamba
n.	Indian	Umuhindi
n.	indiscrete person	inzimuzi
verb	indiscrete, to be	kuvuga menshi
n.	indiscretions	amazimwe
n.	infant	uruhinja (pl imhinja)
n., med	infection	kiboze
adj. & n.	inferior to	hanyuma ya
n.	infinitive	imbundo
adj.	infirm person	ikimuga
verb	influence, to	kureshya
verb	inform, to	1) guhugura 2) kumenyesha
verb	informed, to be	kwihugura
verb	inhabit, to	gutura
verb	inherit, to	kuragwa, kugira umunani
n.	inheritance	umwandu
phrase	inheritance, to leave	kuraga
verb	inhibit, to	gusibya
n.	injection	urushinge

63

parts of speech	english	kinyarwanda
n.	injured person	inkomere
verb	injured, to be	gukomereka
n.	ink	vino
adj.	innocent	umwere
verb	innocent, to be	kwera
n.	inquiry	nketi
adj.	insatiable	intanyurwa
n.	insect	agasimba (pl. udusimba)
n.	insects (that make honey)	ubuhura
n.	inside	imbere
verb	insist, to {I do not want to force you.}	guhata {Ntabwo nshaka kubahata.}
phrase	insomnia, suffer from	gutunaguza
verb	inspire a sentiment, to	gutera
n	instant	umwanya
adv.	instead	mu cyimbo, mu kigwi
verb	instruct, to	kujijura, kwigisha
adj.	insubordinate	icyigomeke
phrase	insufficient quantity	inkehane
n.	insult	igitutsi
verb	insult, to	1) guhimbira 2) gutuka
verb	insult, to {You insult me.}	kubeshyera {Urambeshyeye.}
n.	insurgent	ikigande (pl. ibigande)
n.	intelligence {He is intelligent.}	1) ubuhanga 2) ubwenge {Azi ubwenge.}
verb	intelligent, to be	guhuguka
phrase	intense thirst	inkuma
n.	intention	umugambi (pl. imigambi)
adj.	intentional	ikigize cya nkana
adj.	interminable	urudaca
verb	interpret, to ask to {Go ask for an explanation.}	gusobanuza {Jya gusobanuza.}
verb	interrogate, to {I am going to ask him the question.}	kubaza {Nzamubaza.}
verb	interrupt, to	guhagarika, kurogoya
n., med	intestines	amaranda
verb	intimidate, to	gukangisha
n.	intimidation	igikango
verb	intoxicated, to be	kujamatwa, kunywa
verb	intoxicated, to be {He is drunk.}	gusinda {Yasinze.}
verb	introduce (something new), to	guhanga
verb	invade, to	gusaba, gutama
adj. & n.	invalid	ikimuga (pl. ibimuga)

64

parts of speech	english	kinyarwanda
verb	invent, to	guhanga
verb	invite, to	kurarika
verb	invite, to {I invite you...} [He invited me.]	gutumira {Ndabutumiye...} [Yarantumiye.]
n.	iron (for clothes)	ipasi, iferu
n.	iron (ore)	icyuma
verb	iron, to work with	gucura
verb	irritate, to	kurya
n.	irritation	ishavu
verb	is (Where were you?)	-ri, ni (Mwari he?)
phrase	Is it close?	Ni hafi?
phrase	Is it far?	Ni kure?
phrase	Is it true?	Ni byo?
phrase	is not	si
n.	island	ikirwa (pl. ibirwa)
phrase	Isn't that so?	Si byo?
phrase	It does not matter.	Nta cyo bitwaye.
phrase	It is good.	Ni byiza.
phrase	It is here.	Ni hano.
phrase	It is there that...	Niho...
phrase	It is there.	Ni hariya.
pronoun	itself	ubwayo, ukwayo
phrase	I'm fine.	Meze neza.
phrase	I'm not good.	Meze nabi.
phrase	I'm trying.	Ndagerageza.
phrase	I've got a headache.	Mfite ububabara mu mutwe.
phrase	I've have a stomach ache.	Mfite ububabara mu nda.
n.	jacket	ikoti (pl. amakoti)
n.	jail	pirizo
n.	January	Mutarama, ukwezi kwa mbere
n.	jar (container/shock)	inkongoro
n.	jaundice	umuhondo
verb	jealous, to be	gufuha
verb	jealous, to be (in past)	kugira ishyari
n.	jealousy	itima
n.	jealousy {He was jealous.}	ishyari {Yagize ishyali.}
n.	Jesus	Yesu, Yezu
phrase	jet of saliva from between the teeth	inyeli
n.	job	akazi (pl. utuzi), umukoro
verb	join, to (things, group)	gufatanya, kunga
verb	joined, to be	guterana

parts of speech	english	kinyarwanda
n.	joint (anatomy), articulation	ihiniro, ingingo
n.	joke	ishyengo (pl. amashyengo)
verb	joke, to	gushyenga
verb	jostle, to	gusunika
n.	journal	ikinyamateka
phrase	joy, cry shout of	impundu
n.	joy, gladness	ibyishimo, ifuraha, ishimwe, umunezero
phrase	joy, great	ubwuzu
n.	judge	umucamanza, umunyarukiko
verb	judge, to	guca urubanza
n.	judgement	urubanza
n.	jug	umudomo (pl. imidomo)
n.	July	Nyakanga, ukwezi kwa karindwi
verb	jump over, to; to cross	kurenga
verb	jump, to	gusimbuka
n.	June	Kamena, ukwezi kwa gatandatu
n.	jungle	ishyamba
adv.	just as	nka, nk'uko
n.	justice	ubukiranutsi
verb	keep a reserve (money), to	kuzigama
verb	keep on, to	gukomeza
verb	keep quiet (about something), to	kuzinzika
verb	keep, to	kugumana, kurinda
n.	key {I lost my keys.}	urufunguzo {Nataye imfunguzo zanjye.}
phrase	kick	umugeli
n., med	kidney	impyiko
verb	kill, to	kwica, guhemura
n.	kilogram	ikikiro
n.	kind (species)	ubwoko
phrase	kind person	umugwaneza
n.	kindness	inziza
n.	king	umwami
n.	kingdom	ubwami
adj.	kingly	icyami
verb	kiss, to	gusoma
n.	kitchen	igikoni (pl. ibikoni)
verb	knead (as in bread), to	gufunyanga, gukata
n	knee	ivi {pl. amavi}
n.	knee cap	ingasire
phrase	knee problem	umukuku

66

parts of speech	english	kinyarwanda
verb	kneel down, to	gupfukama
verb	kneel, to	gupfukama
n.	knife	igisu (pl. ibisu), icyuma, imbugita
verb	knit, to {She knitted a sweater.}	kuboha {Yaboshye umupira.}
verb	knock together, to	gukomanya
verb	knock, to {Knock on the door, he is there.}	gukomanga {Komanga arahali.}
n.	knot	impfundo, ipfundo
verb	knot, to make a	gupfundika
verb	knots, to tie	gupfundikanya
phrase	know oneself, to	kwiyizi
verb	know, to (I know Henry by sight.)	kumenya (Nzi Henry ku isura.)
verb	know, to {Did you learn the news about Brei?}	kumenya {Wamenye amakuru ya Brei?}
n.	knowledge	1) ubuhanga 2) ubwenge 3) ubumenyi
verb	knowledgeable, to be	kujijuka
verb	known, to become	kumenyekana
n., med	kwashiorkor	irungu
n.	lace	umushumi
verb	lack, to {I do not know how to open it.}	kubura {Nabuze uko ndifungura.}
n.	ladder {Raise this ladder.}	urwego (pl. inzego) {Egura urwo rwego.}
n.	lair	ikirumba
n.	lake	ikiyaga (pl. ibiyaga), inyanja
phrase	lake, width of	umuhengeri
n.	lamp	itara (pl. amatara), itabaza
n	land	ikibanza, imusozi
n.	language	ururimi
adj.	large (a large bird)	-nini (inyoni nini)
phrase	large number	ubwinshi
n., med	laryngitis	akaniga
phrase	laryngitis, to have	guhogora
n., med	larynx	inkanka
n.	lasso	umujugunya
phrase	last year	umwaka ushize
verb	last, to have or make come{ It has been a long time since you have written them.}	guheruka {Ko udaheruka kubandikira.}
phrase	late in the day, to get	kwira
verb	late, to be {I will be late.}	gukererwa {Nzakererwa.}
verb	late, to make {I made you late.}	gukerereza {Nagukrereje.}
adv.	later	ubwanyuma, hanyuma
adv.	later on	hatinze, bitinze

parts of speech	english	kinyarwanda
verb	laugh, to	guseka
n.	launderer	umumeshi
verb	laundry, to do	gufura
n.	law	itegeko
verb	lay face down, to	kubika inda
verb	lay, to	kurambika
n.	layman	umurayiki
adj.	lazy	ikigwali, umunebwe
verb	lazy, to be {He was very lazy.}	kunebwa {Yanebwe.}
verb	lead home, to	gucyura
verb	lead, to	gushorera
verb	lead, to (the blind)	kurandata
n.	leader	umuyobozi (pl. abayobozi)
n.	leaf	ikibabi (pl. ibibabi)
verb	lean against, to {Lean this ladder against the wall.}	kwegeka {Egeka urwo rwego ku nzu.}
verb	lean, to	1) guhengama 2) kubogeka 3) kwegama
verb	leap, to	gusimbuka
verb	learn, to (It is difficult to learn a foreign language.)	kwiga (Biragoye kwiga ururimi rw'amahanga.)
adj.	learned	umwenge
adj.	least	uwa nyuma
phrase	least, at	byibura, nibura
verb	leave a difficult situation, to	gukiranuka
phrase	leave alone, to	kwihorera
phrase	Leave for good.	Kugenda ugiye.
phrase	leave home, to	kuraruka
phrase	leave mate (temporarily), to {She left her spouse temporarily.}	kwahukana {Yarahukanye.}
verb	leave of, to take	gusezera
verb	leave suddenly, to	kwiyora
verb	leave, to	gusiga
n.	leaven	umusemburo
verb	leaven, to	gusembura
adj. & n.	left	ibumoso
verb	left behind, to be	gusigara
n.	left over bits	ubuvungukira
n.	leg	ukuguru (pl. amaguru)
n.	lemon	indimu
n.	lemonade	umutobe
verb	lend an object, to	gutiza, gutira

68

parts of speech	english	kinyarwanda
verb	lend money, to	kuguriza
n.	length (dimension, time)	uburebure
verb	lengthen, to	kurambura
n.	leopard	ingwe
n.	leper	umubembe
n.	leprosy	ibibembe
verb	let go of, to	gushumukura
verb	let go, to	kwiheba
verb	let, to {Let me pass.}	kureka {Mumpe akayira.}
n.	letter	urwandiko (epistle)
n.	letter (of alphabet)	inyuguti
phrase	Let's go!	Tugende!
verb	liberate, to	gucungura
n.	liberty, freedom	umudendezo
n.	library	inzu y'isomero
n.	license	icyete
n.	lid, cover	umutemeri (pl. imitemeri)
verb	lie down, to	kuryama
phrase	lie on pillow, to	kwisegura
n.	lie, falsehood	ikinyoma
verb	lie, to {He lies.}	kubeshya {Arabeshya.}
n.	life	ubugingo
verb	lift something quickly, to; build {You built a nice home.}	kubaka {Wubatse urugo rwiza.}
verb	lift, to	1) guterura 2) kuzamura
verb	light (kindle), to {The lamp was on.}	gucana, gukongeza {Itara liracanye.}
n.	light of the moon	umwezi
n.	lightening	umurabyo
adj.	like	nka, bene
phrase	like that	-tyo (gutyo, dutyo)
adj.,pro.	like this	-tya (gutya)
verb	like, to	gukunda
verb	like, to be	gusa, kumera
n.	likeness	ishusho
n.	lime (substance)	ingwa
n.	limit	iherezo, umupaka
n.	limit, boundary	imbago, urubibi
n.	line	umurongo (pl. imirongo), umusitari
n.	lion	intare
n.	lion cub	urujuga
n.	lip	umunwa (pl. iminwa)

69

parts of speech	english	kinyarwanda
n.med	liquid stool, diarrhea	uruhitwe
interj.	Listen!	Umva!
n.	listlessness	kunwengera
n. & adv	little (a small arm)	-to (ububoko guto)
phrase	little by little	buhoro-buhoro
n.	little fish	isambaza, injanga
verb	live a long time, to	kuramba
verb	live alone, to	kwibana
verb	live at, to {Where do you live?} [I live in Kibogora.]	gutura {Utuye he?} [Ntuye i Kibogora.]
verb	live in affluence	kudamarara
verb	live to	kubaho
n.	liveliness	ishyaka
n.	liver	umwijima
n.	lizard	umuserebanya (pl. imiserebanya)
n.	load	umutwaro
verb	load, to (I am going to load the truck.)	gupakira
verb	load, to put down	gutura
n.	loan	ideni
n.	loan (borrowing)	amaguzanya
verb	loan, to	kuguza
n.	locality	akarere
verb	lock, to	gukinga
verb	lockup, to	gukingirana
n.	lodging place {Did you find a room?}	icumbi {Wabonye icumbi?}
verb	lodging, to leave	gucumbukura
n.	log	umugogo (pl. imigogo)
verb	lonesome for, to be	gukumbura
adj.	lonesomeness	urukumbuzi
adj.	long (a long arm)	-re-re (ukuboko kurekure)
verb	long for, to	kwifuza
verb	look at, leaning over to see	kurunguruka
verb	look down, to	kubika amaso
verb	look for, to	kureba
verb	look for, to {I am looking for my keys.}	gushaka {Ndashaka imfunguzo zanjye.}
verb	look up, to	kurarama
interj.	Look!	Dore!
verb	look, to {Look in the armoire.}	kureba {Reba mu kabati.}
adj.	loquacious	umudigaferi
n.	lord	umwami
verb	lose a lot of weight, to	guhorota

parts of speech	english	kinyarwanda
verb	lose one's temper momentarily, to	kurabukirwa
phrase	lose one's way, to {I took the wrong path.}	kuyoba {Nayobye.}
verb	lose reason, to	gusara
verb	lose weight, to	kunanura
verb	lose, to	gutakaza
verb	lost, to be	kuzimira
n.	louse	inda
n.	love	urukundo
verb	love, to {Adam loves his children.}	gukunda {Adam akunda abana be.}
phrase	lower down	hepfo
verb	lower, to	kumanura, kunyerera
verb	lower, to (Can you lower the bed?)	kumanura, gutsura (Ushobora gusura i gitanda?)
n.	luck, good fortune	ihirwe, amahirwe
adj.	lucky, to be	guhirwa
n.	lullaby	icyitiliro, igihozo
n., med	lumbago	kuribwa umugongo
n.	lung	igihaha (pl. ibihaha)
n.	lust	irari
n.	machete	umuhoro, umupanga (pl. imipanga)
n.	machine	imashini
verb	mad, to become (crazy)	gusara
n.	maggot	urunyo
n.	mahogany	igaju
verb	maintain good rapport	gufatanya, gushyikirana
verb	maintain the fire, to	gucana
n.	maize, corn	ikigori (pl. ibigori)
n.	majesty	ishema
n.	majority	nyamwinshi
verb	make known, to	kumenyesha
verb	make roll, to	gutembagaza
verb	make, to {He makes tables.}	kubaza {Abaza ameza.}
verb	make, to; to do	gukora, kugira
n.	malaise	ubwabyi
n.	malaria	ubuganga
adj. & n.	male	igitsina-gabo
n.	malnutrition	isuku nkeya
n.	mama	mama
n.	man (married)	umugabo (pl. abagabo)
n.	man (of middle age, robust)	igikwerere

parts of speech	english	kinyarwanda
verb	manage	kuyobora
verb	manage to do, to	kugeza
n.	manner	uburyo
n.	manners, person of good	imfura
adj.	many (many men) {These cows give a lot of milk.}	-inshi (abantu benshi) {Izo nka zigira amata menshi.}
n.	March	Werurwe, ukwezi kwa gatatu
n.	market	iguliro, isoko
phrase	marriage proposal	isaba
n.	marriage {I was invited to a marriage.}	ubukwe {Natumiwe mu bukwe.}
verb	marry, to	gushyingirwa
phrase	marvelous., That's	Ni ishyano.
verb	mash, to	gucucuma
n.	mason	umufundi (pl. abafundi)
n.	master, my	databuja
n.	master, your	shobuja
n.	mat	ikirago
n.	mat, grass woven	ikidasesa
n.	mat, small	umusambi
n.	match (Do you have a match?)	ikibiriti (Ufite ikibiriti?)
n.	matches, box of	ikibiriti
n.	mate (a pair of things), companion	mugenzi
n.	math	imibare
n.	mattress	amatara
n.	May	Gicurasi, ukwezi kwa gatanu
pronoun	me	jye, jyewe
phrase	Me, too.	Nanjye.
n.	meal	ifunguro
verb	meal, to have, to eat	gufungura, kulya
phrase	mealtime	ilya
n.	meaning	icyerekezo
n.	means (of doing something)	ukuntu
verb	measure, to	gupima
n.	measurement	inshuro, urugero
n.	meat	inyama
verb	mechanic, to be	gukanika
phrase	meddler	inkorakozi
n.	medication	idagara, umuti (pl. imiti)
phrase	medicine, practice of	ubuvuzi
verb	meditate	kuzirikana
n.	meek	ituza

72

parts of speech	english	kinyarwanda
verb	meet somewhere, to	kubumbira
verb	meet, to	guterana
verb	meet, to go to	gusanganira
verb	meet, to {We met at the market.}	guhura {Twahuliye mu isoko.}
n.	meeting	iteraniro
phrase	meeting place	ihuriro
verb	melt, to (sugar)	gushonga
verb	melt, to(as butter)	kuyaza
n.	member of council	umujyanama (pl. abajyanama)
n.	memory	urwibutso (pl. inzibutso)
verb	mend (clothes)	kwisubira, gutangira gukira
verb	mend, to	kubalira
n., med	meningitis	ubunihura, mugiga
n., med	menopause	guca imbyaro
n., med	menorrhea	umwivire
phrase	menstruation, to have	kuba mu mugongo
adj. & n.	mercenary	umucanshuro
n.	mercy	imbabazi
n.	message	ubutumwa
n	messenger	intumwa
n.	metal	icyuma
n.	method	uburyo, ukuntu
n.	middle	hagati
adj.	middle age (30-50)	ubukwerere
n.	midnight	igicuku
n.	midwife	umubyaza
n.	mildew	uruhumbu
n.	milk	amata
n.	milk pot	inkongoro
n.	milk, clabbered	ikivuguto
verb	milk, to {One cow can give 8 liters per day.}	gukama {Inka imwe ishobora gukamwa litero munani mu munsi.}
n.	millet	ururo
n.	minute	idakika, umunota
adj.	minute (tiny) (very little yeast)	-nzinya (umusemburo munzinya)
phrase	minute., Just a	Henga.
n.	miracle	igitangaza (pl. ibitangaza)
n.	mirror	indorerwamo
verb	miscalculate, to	gucikanwa
verb	miserable, to be {This child is miserable.}	kugorwa {Uliya mwana yaragowe.}
n.	miserliness	ubugugu

73

parts of speech	english	kinyarwanda
phrase	miserly person	rukomeza
verb	miserly, to be	kugira avare
adj.	misery	ubutindi
n.	misfortune	akabi
verb	misgiving, to have	guhanura
n.	Miss	madamuzera
phrase	miss someone, to	gukumbura
n.	mistake	ifuti (amafuti), ikosa
verb	mistake, to make	gufudika
verb	mistrust, to	gukenga
verb	mix, to	gufunyanga
verb	mix, to	kuvanga
verb	moan continually, to; to complain continually	kuganyira
n.	moaning	umuniho
verb	mock, to	gushinyagura
n.	mockery	agashinyaguro
verb	model, to	guhuriza
verb	modify, to	guhindura
verb	moisten, to	kubobera
n.	mold (botanical)	uruhumbu
n.	mole	ifuku (pl. amafuku)
n.	moment	akanya
n.	monarchy	ubwami
n.	Monday	ku wa mbere
n.	money	amafaranga
verb	monitor	gukurikirana
n.	monkey	inkende
n.	moon	ukwezi
phrase	moon, full	inzora
verb	more than, to be	gusaga
phrase	more, to do	kurushaho
n.	morning	igitondo
n.	mosquito (Where can I buy a mosquito net?)	umubu (Ni hehe nagurira inzitiramibi?)
n.	moss	amatemvu
n.	most	kirusha ibindi
adv.	mostly	cyane cyane
n.	mother my	mama, umukecuru wanjye
phrase	mother, his/her	nyina
phrase	mother, your	nyoko

parts of speech	english	kinyarwanda
adv.	motorcycle	ipikipiki
n.	mound	ikirundo
n.	mountain	umusozi (pl. imisozi)
n.	mountain dweller	umukiga (pl. amakiga)
phrase	mountainous region	urukiga
verb	mourn	kurira
verb	mourn, to	kuganya, kubabara
n.	mouse	imbeba
n.	mouth	umunwa (pl. iminwa) akanwa, akorezo
n.	mouth odor	ubwaku
n.	mouthful	umumiro
verb	move a little, to	kwicuma
phrase	move aside, to	kuberereka
verb	move easily, to	kwiterura
verb	move, to	1) kujegajega 2) kuvuna
verb	move, to (dwelling)	kwimuka
n.	movie theater	senema
verb	mow, to	gukata
n.	Mr.	Bwana
n.	Mrs.	Madamu
adj & pr	much	cyane, byinshi
verb	much, to be too	gukabya
n.	mud	icyondo, urwondo
verb	multiply	kugwiza
phrase	mumps, to have	kubingiriza
n.	murderer	1) umwicanyi 2) umwishi (pl. abishi)
phrase	muscles of thigh	mberabero
n.	muscular strength	ababoko
n.	mushroom (not edible)	ikiyege (pl. ibiyege)
n.	music	umuzike
adj.	my (my children)	-anjye (umwana wanjye)
phrase	my child	umwana wanjye
phrase	my friend	inshuti wanjye
phrase	my husband	umugabo wanjye
phrase	My name is...	Nitwa...
phrase	my wife	umugore wanjye
pronoun	myself	ubwanjye
phrase	mysterious, something	urujijo
n.	mystery	ubwiru
n.	nail (metal)	umusomari

parts of speech	english	kinyarwanda
verb	nail, to	gushimangira
n.	name	izina
verb	name something in memory of, to	kwitirira
verb	name, to	kwita
n.	narrative	igitekerezo (pl. ibitekerezo)
verb	narrow, to be	gufungana
n.	nastiness	ubutindi
n	nation	ishyanga
n.	nationality	ubwene gihugu
n.	nature	kamere
n., med	nausea	iseseme
phrase	nausea, to provoke	gutera iseseme
n. med	nausea, to feel	kurungulirwa
adv.	near	hafi
adj.	nearby	bugufi
phrase	necessary., It is	Birakwiriye.
n	neck (pl. necks)	ijosi (pl. amajosi)
n.	need (I need it badly.)	Igikenewe (Ndagikeneye cyane.) (Ndagikeneye byihutirwa.)
n.	needle	urushinge (pl. inshinge)
verb	needy, to be	gukena
verb	neglect, to	kwirengagiza
n.	negligence	uburangazi
n.	neighborhood	umuhana
n.	nephew or niece	umwishywa
n.	nest	icyari (pl. ibyari)
verb	nest, to make	kwarika
adj.	never	ntabwo
interj.	Never!	Aswhi!
adv.	nevertheless	nyamara
adj.	new (the new herbs or grass)	-shya (ibyatsi bishya)
n.	New Testament	Isezerano Rishya
phrase	next month	ukwezi gutaha
phrase	next week	icyumweru gitaha
phrase	next year	umwaka utaha
verb	nibble, to	guhekenya
adj.	nice (the good men)	-neza, -iza (abantu beza)
phrase	Nice to meet you. (more than one)	Nishimiye guhurana mwe.
phrase	Nice to meet you. (one person)	Nishimiye guhora nawe.
n.	niece	umusengeneza
n.	night	ijoro (pl. amajoro)

parts of speech	english	kinyarwanda
phrase	night before, the	bucya
adj.	nine	icyenda
n.	nine hundred	magana cyenda
n.	nineteen	cumi n'icyenda
n.	ninety	mirongwicyenda
n.	ninety-one	mirongo icyenda na rimwe
n.	ninety-two	mirongo icyenda na kabiri
adj., adv.	no	oya, nta, ashwi (emphatic)
pronoun	no one	nta we
phrase	No problem.	Ntakibazo.
n.	noise	urusaku (pl. insaku)
verb	noisy, to be {They are making noise.}	gusakuza {Basakuje.}
pronoun	none	nta
n.	noon	ku manywa
n.	north	mu majyaruguru
n.	nose	izuru (amazuru)
n.	nostalgia	urwimbo
n.	nostril	izuru
phrase	Not at all!	Ashwida! (ishwi)
interj.	Not possible!	Ohoho!
verb	not to find, fail to find {I can not find what I am looking for.}	guheba {Ndahebye.}
verb	not to find, fail to find {I did not find them.}	kubura {Nazibuze.}
n.	notebook	ikayi
pronoun	nothing	nta cyo, ubusa
phrase	nothing, to go with	kugenda gusa
n.	notice	itangazo (pl. amatangazo)
phrase	nourished, well (big and fat)	umushishe
n	nourishment, food	ibiryo, igaburo
n.	November	Ugushingo, ukwezi kwa cumi na kumwe
adv.	now	ubu
phrase	now and then, occasionally	rimwe na rimwe
n.	nudity	umukumbagashi
n.	number	umubare (pl. imibare)
phrase	number of folds in an object	inkubwe
n.	numerous	uruliba
n.	nurse (female)	umuforomakazi (pl. abaforomakazi)
n.	nurse (male)	umuforoma (pl. abaforoma)
verb	nurse, to (suckle)	konka
interj.	O.K.	ndiyo

parts of speech	english	kinyarwanda
n.	oar	ingashya, inzaru
n.	oath	indahiro
n.	obese person	ikijojome
verb	obese, to be	kujojoma
verb	obey, to	kwitondera (law)
verb	obey, to {We obey our parents.}	kumvira {Twumvire abayeyi bacu.}
verb	obligation {That will require a lot of money.}	kugomba {Bizagomba amafaranga menshi.}
verb	observe, to	kuziririza
n.	obstacle	1) imbogamizi 2) inkomyi
n.	obstinate person	umuyehanzi
verb	obstinate, to be	kugira ikizizi
verb	obstruct, to	gusiba, kuzibira
verb	obtain	kubona
verb	obvious, to be	kwihandagaza
phrase	occupied by, to be	gukoza
n.	ocean	inyanja
n.	October	Ukwakira, ukwezi kwa cumi
interj.	Off with you!	Hoshi!
verb	offend	gucumura, gukora icyaha
verb	offer a gift, to	gutura
verb	offer a gift, to {He gave a lot of trees.}	gutanga {Yatanze ibiti byinshi.}
verb	offer oneself, to	kwitanga
n.	offering	ituro (pl. amaturo)
n.	office	ibiro
adv.	often {I am buried in work.}	kenshi {Akazi kambanye kenshi.}
n.	oil	amavuta
n.	ointment, perfumed	amadahano
n.	old man	umusaza (pl. abasaza)
phrase	old man, decrepit	umubore
n.	old woman	umukecuru (pl. abakecuru)
verb	old, to become	gusaza
n.	older brother of boy or older sister of girl	mukuru
n.	omelette	umureti
n.	omen	indagu
verb	omit, to	gusiba
prep.	on	ku
phrase	on the contrary	matandi
adv.	once	rimwe
interj.	once and for all	byimazeyo

78

parts of speech	english	kinyarwanda
phrase	Once upon a time there was...	Hariho...
adj. & n.	one	rimwe (-mwe)
n.	one million	agahumbi
phrase	one month	ukwezi
phrase	one more time	ilindi
phrase	one of exceptional beauty	igitego
n.	one thousand five hundred	igihumbi na magana atanu
n.	one week	icumweru
adj.	one, just one (a man)	-mwe (umuntu umwe)
n.	onion	igitunguru (pl. ibitunguru)
adv.	only	gusa, ubusa (-nyine)
adv.	only (only me)	-sa (jye musa)
verb	open (as flower), to	kurumbura
verb	open the eyes	gukanura
verb	open the eyes widely, to	gukanantura
phrase	open the mouth, to	kwasama
verb	open up, to	kubumbuka
verb	open, to {Open the door.}	gukingura {Kingura.}
adv.	openly	ku mugaragaro
phrase	openly, to speak	kwerura
verb	operate (medical), to	kubaga
n., med	operating room	iseta
phrase	opportune moment	icyimbo
n.	opportunity	uburyo
verb	oppress, to	gupyinagiza
prep.	or	cyangwa
n.	oral cavity	akanwa
n.	orange (fruit)	icunga (pl. amacunga)
verb	ordain, to	kurobanura
n.	ordeal	amagerageza
n.	order	gahunda
phrase	order that, in {Pardon me.}	kugilira {Ngilira imbabazi.}
verb	order, to	gutegeka
verb	order, to put in	kuringaniza
adv.	ordinarily	ubusanzwe
phrase	ordinary people, the	rubanda rwa giseseka
n	organization	gahunda
verb	organize	gushyira kurigahwundo
n.	origin	inkomoko
n.	orphan	imfubyi, impfubyi

79

parts of speech	english	kinyarwanda
adj & pr	other (cut another tree)	-ndi (tema ikindi giti)
verb	ought (to have to), must	kugomba, -kwiriye
adj.	our (our children)	-acu (abana bacu)
adv.	out of	mu
n.	outline (draft)	umutangi
prep.	outside (of house)	hanze
phrase	Outside the room.	Hanze y'icyumba.
prep.	over	hejuru ya
phrase	over and above, to be	gusaguka
phrase	over there	hariya
verb	overcharge, to	kuzimba, guhagaza
verb	overcharge, to {You demand an exaggerated price.}	guhenda {Urahenda.}
verb	overcome, to; to defeat	gutsinda
verb	overflow, to	gusesekara
verb	overturn, to	1) gusesa 2) kuneguka
n.	owl	igihunyira (pl. ibihunyira)
verb	own, to	gutunga
n.	pace	intambwe
verb	pack, to	gupakira
n.	packet	uruboho (pl. imboho)
n.	paddle	inzaru, ingashyi
verb	paddle, to	kuvugama
adj. & n.	pagan	umupagani (pl. abapagani)
n.	page	urupapuro, ipaji
n.	pail	indobo
n.	pain	ububabare, umubabaro
verb	pain, to cause; to cause grief	kubabaza
verb	pain, to have; to suffer	kuribwa, kubabara
n.	paint	irangi
verb	paint, to {We're painting the windows.}	gusiga {Tuzasiga amadilishya.}
n.	palm of hand	ijanja, urushyi
n.	palm oil	amamesa
n.	palm tree	umukindo (pl. imikindo)
verb	palpate, to	gukabakaba
verb	pamper, to	kulimba
n.	pan, cooking	isafuriya
n., med	pancreas	ifuha
n.	panel	urusika
n. & adj.	panic	1) igihunga 2) ubwoba
verb	pant, to	gusamaguza

parts of speech	english	kinyarwanda
n.	panties	akabinda (pl. utubinda)
n.	pants	ipantalo, ipataro (pl. amapataro)
n.	papa	data
n.	paper {Do not throw away my papers.}	urupapuro {Wintera impapuro.}
n.	parable	umugani (pl. imigani)
n.	pardon, forgiveness	imbabazi
verb	pardon, to {Pardon us.}	kubabarira {Tubabalirane.}
n.	parent	umubyeyi
n.	parenthesis	agakubo
phrase	parliament	inteko inshinga amategeko
n.	part	igice (pl. ibice), igika
verb	part in, to have	kugira uruhare
phrase	part of food (ration)	igaburo
verb	part with, to {They have separated.}	gutandukana {Baratandukanye.}
n.	participation	uruhare
n.	partridge	inkware
n.	party (political)	ishyaka
verb	party, to have	gucura urugomo
verb	pass along, to	kunyura
verb	pass by, to {We passed by Marcie.}	1) guhita 2) kunyura {Twanyuze i Marcie.}
verb	pass the night alone, to	kwiraza
verb	pass the night, to; to spend the night	kurara
phrase	pass through, to	kunyura
verb	passage, to permit	kuberereka
n.	passerby	umuhisi (pl. abahisi)
n.	passionfruit	marakuja
n.	past	ibihe byashize
n.	pasture	ubwatsi
verb	pasture, to	kurisha
n.	patch	ikiremu (pl. ibiremu)
phrase	paternal aunt	masenge
n.	path	inzira
verb	patient, to be	kwihangana
n.	patrimony	umunani
n.	pattern	inyanduruko
n.	pause	akaruhuko
n.	pay (noun)	igihembo
verb	pay attention, to	kwita ku; kwitondera
verb	pay debt, to {Are you paying cash?}	kwishyura {Ulishyura?}
verb	pay dowry, to	gukwa

parts of speech	english	kinyarwanda
verb	pay taxes, to {Did you pay the taxes?}	gusora {Warasoze?}
verb	pay, to {Did you pay the workers?}	guhemba {Wahembye abakozi?}
n.	pea	ishaza (pl. amashaza)
n.	peace	amahoro
verb	peaceful, to be	gutuza
n.	peak, mountain	impinga
phrase	peanut oil	amakaranka
n.	pebble	ibuye (pl. amabuye)
verb	peddle, to	kugurisha
verb	peel off, to	gufatanura
verb	peel, to {Peel the bananas.}	gutonora {Tonora imineke.}
verb	peel, to {Peel the potatoes.}	guhata {Hata ibirayi.}
n.	peelings	uruhatiro
verb	penalty, to make pay the	kuryoza
n.	pencil	ikaramu (pl. amakaramu)
verb	penetrate, to	gucengera, kumena
n.	penis	imboro
n.	pension	ubwiteganirize
n.	pepper	ipiripiri
adj.	perfect	indakemwa
verb	perfect, to	kunonosora
verb	perfect, to {You are good at this work.}	gutunganya {Wabitunganyije.}
n.	perfume	amarashi
adv.	perhaps	kwenda, ahali
n.	period	akabago
n.	period (versus comma)	akabago, akadomo
n.	period, to have (female)	kuba mu mugongo
verb	perish, to	kurimbuka
n.	permission {He refused me permission.}	uruhushya {Yanyimye uruhusa.}
verb	permission, to ask for	gusaba uruhushya
phrase	Permit me to speak to you.	Reka nkuwire.
n.	perplexity	amajingwe
verb	persecute, to	gutoba, gutoteza
verb	persecute, to {You treat me unfairly.}	kurenganya {Urandenganyije.}
n.	perseverance	umuhate
n.	person	umuntu (pl. abantu)
phrase	person of good character	umugwaneza
n.	person who drivels	umurondogozi
phrase	person with rough skin	rukujuju
phrase	persons of same age	urungano

parts of speech	english	kinyarwanda
n.	perspiration	icyuya
verb	perspire, to heavily	kubira
verb	persuade, to try to	guhendahenda
verb	pester, to	kujujubya
n.	petroleum	ibitoro
n.	pharmacy	foromasiyo
n.	phobia	ubwoba
verb	photocopy, to	gucapura
n.	photograph	ifoto, ipica
verb	photograph, to	gufotora
n.	phrase	interuro
phrase	physical deformity	inenge
verb	pick up, to {Pick up this needle.}	gutora {Tora urwo rushinge.}
verb	pick up, to {To pick up these pieces.}	gutoragura {Toragura ibyo biceli.}
verb	pick, to	gusoroma
n.	picture	ishusho
n.	piece	igice, igipande
phrase	piece of something broken	igisate
verb	pierce, to {Pierce the bottom of the can.}	gutobora {Utobore mu ndiba y'idebe.}
n.	pig	ingurube
n.	pigeon	inuma
verb	pile carefully, to	kurundarunda
verb	pile up, to {Put these stones in a pile.}	1) kwegeranya 2) kurunda {Runda aya mabuye.}
n.	pillow	umusego (pl. imisego)
n.	pin	umusomari
n.	pineapple	inanasi
phrase	pins and needles	ubushahi
n.	pipe (hose)	itiyo, umuheha
n.	pipe (tobacco)	inkono y'itabi
n.	pit	umwobo
n.	pitcher	ikibindi (pl. ibibindi)
n.	pity	impuhwe
phrase	pity, to have pity for	kubabarira
phrase	place of origin	kavukire
verb	place side by side, to	kubangikanya, gukomatanya
n., med	placenta	ingobyi
n.	plain (near river)	ikibaya
verb	plan, to	kugambirira, guteganya
n.	plant	imbuto
n.	plantains	inyamumyu

parts of speech	english	kinyarwanda
n.	plantation	ishyamba (pl. amashyamba)
verb	plaster, to	guhoma
n.	plate	isahani (pl. amashani)
verb	play an instrument, to	kuvuza
verb	play, to {What teams are playing?}	gukina {Harakina ayahe makipe?}
n.	playground	ikibuga
verb	plead, to (court)	kuburana
phrase	pleasant coolness (at end of day)	amafu
verb	please, to	kunezeza
phrase	Please.	Mushobora.
phrase	pleasure to see, a	inkesha
n.	plenty	byinshi cyane
verb	plow	guhinga
verb	plunder, to	gusahura
n.	pneumonia	umusonga
n.	poet	umusizi
n,	poison	uburozi
verb	poison, to	kwanduza
n., med	poisoning	amarozi
verb	poke fun at, to	gucyocyora
n.	police agent	umuporisi
verb	polish, to	guhanagura
n.	politeness	ikinyabupfura
n., med	polyuria	1) iganga 2) kunyaragura
n.	pond	ikinamba (pl. ibinamba)
verb	ponder, to	kuzirikana
n.	pool	ikizenga (pl. ibizenga)
adj.	poor	umukene
verb	poor, to be	gukena
adj.	poorly	nabi
n.	pork, hog	ingurube
n.	porridge	igikoma
n.	porter	umuhetsi (pl. abahetsi)
n.	portrait	ishusho
verb	possess, to {He has the goats.}	gutunga {Atunze ihene.}
verb	possible, to be {It is not possible.}	gushoboka {Ntibishoboka.}
adv.	possibly	ubanza
n.	post (mail), post office	iposita
n.	postage stamp	itembura
n.	pot (clay)	inkono

parts of speech	english	kinyarwanda
n.	pot (small clay)	urwabya
n.	pot (water pot)	ikibindi (pl. ibibindi)
n.	potato, sweet	ikijumba (pl. ibijumba)
n.	potato, white	ikirayi (pl. ibirayi)
n.	pouch, pocket	umufuka, umupfuka
verb	pour, to	gusuka
n.	poverty	ubukene, umukeno
adj.	poverty-stricken	ingarame
n.	powder	ifu
phrase	powdered milk	amata y'ifu
n.	power	1) ubushobozi 2) imbaraga
verb	power, to have	kubasha
verb	practice, to	kwitoza
n.	praise	ishimwe
verb	pray, to	gusaba, gusenga
n.	prayer	isengesho
verb	preach, to	kubwiriza
phrase	precarious situation	amakubo
verb	precede, to	kubanziriza
adv.	precisely	nyine
n.	precursor	amendeze
n.	preference	amahitamo
verb	preference, to have a	guheheta
n.	pregnancy	inda
verb	pregnant {She is pregnant.}	gutwita {Aratwite.}
phrase	premature death	ubukenya
verb	preoccupied, to be	kuba muli rwinshi
n.	preparation	umuteguro (pl. imiteguro)
verb	prepare meticulously, to	kwisanura
verb	prepare, to (Kaitlyn is getting ready to go out.)	gutegura, kwitegura (Kaitlyn yiteguye kugenda.)
verb	prepare, to {I am going to prepare the work for tomorrow.}	gutegura {Ngiye gutegura akazi k'ejo.}
n.	present (gift)	impano, inkurakirago
verb	preserve, to	kubika
n.	presumption	umwilingiro
adj.	pretentious	umugamitsi
adj.	pretty (the pretty tree) {clean}	-iza (igiti cyiza)
verb	prevent, to	kubuza
n.	prey, bird of	igisiga (pl. ibisiga)
n.	pride	ishema

parts of speech	english	kinyarwanda
n.	pride	ubwibone
n.	priest	umupadili
n.	prince	igikomangoma
adj.	principal (important)	imena
verb	print, to	gucapa
adj.	prior to	mbere
n.	priority	uburenganzira
n.	prison	uburoko, umunyororo
n.	prisoner	imbohe
verb	probe, to	kugerageza
n.	Problem?	Ikibazo?
n.	problems	amahane
verb	procrastinate	kwirengagiza
verb	produce abundantly, to	kurumbuka
verb	produce, to (fruit) {The sorghum is ripe.}	kwera {Amasaka areze.}
n.	profession	umwuga
n.	professor	umwarimu (pl. abarimu)
n.	profit (increase)	iyungu
verb	profit, to	kunguka
n.	profit,(benefit)	akamaro
n.	progeny	uruyundo
n.	program	gahunda
n.	progress	amajyambere
verb	progress, to hinder	kudindiza
verb	prohibit, to	kubuza
n.	project	umugambi (pl. imigambi)
verb	project, to	kwimya
verb	prolapse, to have a (vaginal or anal)	kumulika
phrase	prolonged dispute	umukorogano
n.	promise	isezerano (pl. amasezerano)
verb	promise, to {He promised me.}	gusezerana {Yansezeranije.}
n.	proof	intangamugabo
verb	propagate, to	gusakara
n.	property	isambu (pl. amasambu)
n.	property, personal	umwihariko
verb	prophesy	guhanura
n.	prophet, seer	umuhanuzi
verb	prosecute	gukurikirana
n.	prosperity	ishya n'ihirwe
n.	prostitute	indaya

parts of speech	english	kinyarwanda
verb	protect, to	gukuyakuya
adj.	proud	umugamitsi
verb	proud, to be	kwirata
n.	proverb	umugani (pl. imigani)
verb	provide oneself with, to	kwiyamiza
adv.	provisional	agateganyo
verb	provocation	inkabali
verb	provoke	kwanduranya
phrase	provoke a fight, to	gukungera
n.	prowler	gacogamihana
verb	prune, to	guhumura
n.	pruritus, itch (I have a rash on my back.)	uburyaryate (Mfite uburyaryate mu mugongo.)
n.	psalm	zaburi
n., med	psoriasis	ise
n.	psychological problems	inkomanga
n.	public	rubanda
adv.	publicly	ku mugaragaro
verb	publish, to	gutangaza, kwamamaza
verb	pull down, to	guhwika
verb	pull out	gushingura
verb	pull, to	gukurura
n.	pumpkin	igihaza (pl. ibihaza)
phrase	punch	ikofe
n.	punctuation	akadomo
verb	punish, to	guhana
n.	punishment	akaruho
adj.	puny	umudubi
n.	pupil (student)	umwigishwa (pl. abigishwa)
n., med	pupil, (eye)	imboni
n.	pure color	igitambo
verb	pure to make	kuboneza
n.	purity	ubusugi
n.	purpose	impamvu
n.	purse	umufuka (pl. imifuka)
verb	pursue relentlessly,	kugendera
n., med	pus	amashyira
verb	push away, to	guhirika
verb	push someone, to	kwiroha
verb	push, to {Push the car.}	1) gutusura 2) gusunika {Nimusunike.}
n.	pustule	uruheli

parts of speech	english	kinyarwanda
verb	put an end to, to	kubuza
verb	put in order, to	gusobanura
verb	put outside, to	gusohora
verb	put the finishing touches to, to	gusezera
verb	put to the test, to	kogeza
verb	put, to {I put them on the table.}	gushyira {Nabishyize ku meza.}
n.	python	uruziramire
n.	quality	umuco
n.	quantity	ubwinshi
verb	quarrel, to {They are arguing.}	gutongana {Baratonganye.}
n.	quarrels	amahane
adj.	quarter of year	igihembwe
phrase	queen bee	urwiru
verb	quench one's thirst	guhoza
phrase	Quench you thirst!	Shirinyota!
adv.	quickly	1) vuba 2) ningoga
verb	quiet for a moment, to stay	gucweza
verb	quiet, to make	guturisha
adv.	quite	neza neza
verb	quote or cite, to	kurondora
n.	rabbit	urukwavu (pl. inkwavu)
n.	rabies	umiywyo, ubrakari
n.	race (people)	ishyanga
n.	racket (noise)	urusakusaku
adj.	radiant	igitaratara
n.	radio	iradiyo
n.	raft	icyome (pl. ibyome)
n.	rag	igitambaro (pl. ibitambaro)
n., med	rage	ibisazi
n.	rags	1) incabali 2) inzabaga
n.	rain {I am late because of the rain.}	imvura {Nakererejwe nuko imvura yaguye.}
n.	rainbow	umukororomyba
n.	rainy season (March to May)	itumba
n.	rainy season (sept-nov)	umuhindo
verb	raise animals, to	korora
verb	raise eyes, to	kurarama
verb	raise the voice, to	kurangurura, guhanika
n.	rake	urusokozo (pl. insokozo)
verb	ramble on, to	kurondogora
verb	ramble,to	kurevangwa

parts of speech	english	kinyarwanda
n.	ransom	incungu
verb	rape, to	gukinda
n.	rat	imbeba
adv.	rather (but rather)	ahubwo
verb	rattle, (noise made before death)	guhorota
n.	ravine	umukoke (pl. imikoke)
adj.	raw (the raw meat)	-bisi (inyama mbisi)
n.	ray (of sun)	umurase
n.	razor	urukenuzo (pl. inkenuzo)
verb	reach menopause, to	gucura
verb	reach, to	1) gusohora 2) kugeza
verb	read, to	gusoma
adj.	ready, to be	kuba witeguye
adv.	really	by'ukuri, koko
n.	reason	impamvu
verb	reason, to	kwiburanya
adj. & n.	rebel	umugome (pl. abagome)
verb	rebel, to	kugoma
verb	rebuke, to	gutonganya, gucyaha
verb	receive someone in one's home, to	gukarabisha
verb	receive, to	kuronka, kwakira
adj.	recent	inzaduka
adj.	reckless	simbikangwa
verb	reclaim, to	kwaka
verb	recognize, to	kumenya
verb	recognize, to not	kuyoberwa
verb	recoil, to (through fear)	kuganira
verb	reconcile, to	kunga, guhuza
	record the voice, to	gufata amajwi
verb	record, to (voice audio)	kwandika
verb	recount in detail, to	kurandura
verb	recount, to {He told us about his trip.}	gutekereza {Yadutekerereje iby'urugendo rwe.}
verb	recover	gufutuka
verb	recover from grave illness	kuzura
verb	recovered, to be	kuboneka
verb	rectify	gukosora
n., med	recurrent fever	kimputu
adj. & n.	red	umutuku
verb	redeem, to	gucungura
n.	redeemer	umucunguzi

parts of speech	english	kinyarwanda
verb	reduce, to; diminish, to	kugabanuka
n.	reel	ikidongi (pl. ibidongi)
verb	reflect light, to	kurabagira
verb	reflect, to	gutekereza
n.	reflection	igitekerezo
verb	refrain from, to	kureka
n.	refuge	amigabo
n.	refugee	impunzi
verb	refuse categorically	gutsuna
verb	refuse to obey	kugaramba
verb	refuse, to	guhakana, kwanga
verb	regain sight, to	guhumuka
verb	regain, to	gusubirano
n.	region, area (locality)	ikirere
n.	reign	ingoma
verb	reimburse	kwishyura
verb	reinforce, to	gukomeza, gusongora
verb	reject	kujugunya, guta
verb	rejoice, to	kwishima
verb	rekindle, to	kurabuka
verb	related, to be	gupfana
n.	relationship	umushyikirano
verb	relax, to	kuregera
verb	release, to	kurekura
n.	reluctance	ibimyoli
verb	rely on, to	kwiringira
verb	remain, to {How many bags are left?}	gusigara {Hasigaye imifuka ingahe?}
n.	remedy	umuti (pl. imiti)
verb	remember, to	1) kuzirikana 2) kwibuka
verb	remind, to {We remind you there will be no meeting Thursday.}	kwibutsa {Turabibutsa ko kuwa kane hazaba inama.}
verb	remove, to	gukura
verb	repair, to {We are repairing the damage.}	gusana {Tuzahasana.}
interj.	repeat	subiramo
verb	repel, to	gutoha, kumeruka
verb	replace, to	1) gucungura 2) guhagararira
n.	replacement	umukura
n.	reprimand	urutoto
n.	reputation	umuco
verb	reputation, to have a bad	guhumana

90

parts of speech	english	kinyarwanda
verb	rescue, to	gukiza
n.	rescuer	umutambyi
verb	resell, to	kugurura, gusubiza
verb	resemble, to {Your baby resembles you.}	gusa {Umwana wawe murasa.}
n.	resentment	inzika
n.	resentment, grudge	inzikira
n.	resolution	ubushake
n.	respect	icyubahiro
verb	respect, to {He respects the elderly.}	kubaha {Yubaha abasaza.}
n.	respite	ikiruhuko
n.	response, answer	igisubizo (pl. ibisubizo)
n.	responsibility	umurimo, ishingano
verb	rest, to	guhwema, kuruhuka
verb	resume	kwatura
verb	resurrected, to be	kuzuka, izuka
verb	retch, to	guhaga umutima
verb	retrace the path	guhindukira
verb	return something, to	gusubiza
verb	return, to {Have you returned?}	kugaruka {Uragarutse?}
verb	return, to {Return to our work.}	gusubira {Dusubire ku kazi.}
verb	retype, to	kuvugurura
verb	reunite, to	guhuza
verb	reveal	guhishura
verb	revive, to	1) guhembuka 2) kuvugurura
n.	revolt	umugome
verb	revolt against, to	gukubukwa
verb	reward, to	kugororera, kwitura
n.	rhinoceros	inkura
n.	rhythm	gahunda
n.	rib, shore {side by side}	urubavu (pl. imbavu) {impande n'impande}
n.	rice	umuceli (pl. imiceli)
adj.	rich	umukire
n.	rich person	umutunzi
verb	rich, to be (to have many cows)	gutunga
verb	rich, to be {He is rich.}	gukira {Arakize.}
adj.	riches	ubukire
verb	ridicule, to	kurengurana
n.	right	ibiryo
n.	right (civil, legal)	uburenganzira
phrase	right now, right away	ubu nyine, ubungubu

parts of speech	english	kinyarwanda
phrase	right, on the	iburyo
verb	right, to be	gutungana
phrase	right., All	Nuko.
n.	ring	impeta
verb	rinse, to	kunyuguza
n.	riot	imvururu
verb	rip, to	gushishimura
verb	rise (from lying position); to get up	kubyuka
n. & adj.	ritual	umuhango
n.	river	uruzi (pl. inzuzi)
n.	road	umuhanda
verb	roar with laughter, to	gusatura
verb	roar with laughter, to	gutatamura
verb	roar, to (bellow)	kwabira
verb	roar, to (like a storm)	guhinda
verb	roast, to	kotsa
n.	robber	umwambuzi
phrase	robbing by force	amahugu
n.	robe, dress	ikanzu (pl. amakanzu), ikizibaho
adj.	robust	ingutu
n.	rock	igitare (pl. ibitare)
verb	rock, to	guhorahoza
verb	roll around, to	kwigubanga
n.	rolled cigarette	ikigata
phrase	roof, to put on {I will fix the hole in the roof tomorrow.}	gusakara {Inzu irava nzahasakara ejo.}
phrase	roof, to take off	gusambura
n.	room (in house) {I am going to clean my room.	icyumba (pl. ibyumba) {Ngiye koza mu cyumba cyanjye.}
n.	room for guest, private	mu mbere
n.	rooster, cock (fowl)	isake
n.	root	umuzi (pl. imizi)
n.	rope	umugozi (pl. imigozi)
n.	rosary	ishapule
verb	rot, to; to deteriorate	gushenya, kubora
phrase	rough skin, to have	gukujura
verb	round, to be	kwibumba
n.	row	umurongo (pl. imirongo)
verb	row, to (boat)	kuvugama, kugashya
adj.	royal	icyami
verb	rub a long time, to (polish)	gutsirita

parts of speech	english	kinyarwanda
verb	rub lightly, to	kuyuyeza
verb	rub with force, to	gukubagura
n.	rubber	umupira
n.	rug	umusambi (pl. imisambi)
n.	rule	itegeko (pl. amategeko)
n.	rumor	impuha
verb	run after, to	kwirukana
phrase	run far away	guhabuka
verb	run very fast, to	kuvuduka
verb	run, to	kwiruka
n.	rural	icyaro, komine
verb	rush, to	1) guhubuka 2) kwiroha
n.	rust	ikutu, impagati
n.	rust {The window is rusty.}	ingese {Idilishya lyatoye ingese.}
n.	sack, bag	igunira, isaho, umupfuka
verb	sacrifice, to	gutamba, kwigomwa
phrase	sad, to appear	kwijima
verb	sad, to be	kubabara, kugira ishavu
n.	sadness	agahihiro, umubabaro
phrase	sadness that lasts a long time	akinjire
n.	sadness {She is not sad anymore.}	agahinda {Yashize agahinda.}
adj.	safe and sound	-taraga (adj)
adj.	saint	umutagatifu
phrase	sake of, for the	kubwa
n.	salary	igihembo
n.	saliva	amacandwe
verb	salivate, to	kumekwa
n., med	salmonella (poisoning)	gatiku
n	salt	umunyu
n.	salvation	agakiza
adj & pr	same	kimwe, hamwe
phrase	same (age, height), of	urwarumwe
verb	same nature, to be of the	guhuza
phrase	same thing	kimwe
n.	sand	umucanga, umusenyi
n.	sandal	inkweto
verb	sandals, to take off	gukwetura
verb	sandals, to wear	gukweta
n.	sarcasm	akanukilizo
adj.	satisfactory	neza, iza

93

parts of speech	english	kinyarwanda
verb	satisfied, to be (ate enough)	guhaga
verb	satisfy, to (She is easy to please.)	gushimisha (Ashimishwa n'ubusa.)
verb	satisfy, to {Thirty bags are sufficient.}	guhaza {Imifuka 30 irahagije.}
n.	Saturday	ku wa gatandatu
n.	sauce	umufa
verb	save, to	1) gucungura 2) gukiza 3) kubika
verb	save, to {How much money have you saved?}	kuzigama {Wazigamye amafaranga angahe?}
verb	saved, to be	gukizwa
n.	savior	umukiza
n.	saw	umusumeni, urukero
verb	saw, to	gukera
n.	sawdust	umurama
verb	say hello to someone	gusahuza
verb	say, to {He said he would come tomorrow.}	kuvuga {Yavuze ko azaza ejo.}
n.	scales (dry skin or on fish)	amaga
n., med	scapula	urukogoso
n.	scar	inkovu
n.	scarecrow	musukumo
n.	scarf	igisikafu (pl. ibisikafu)
verb	scatter, to	gusandara
n.	school	ishuri (pl. amashuri)
n.	school, before primary	ishuri ry'ingoboka
n.	school, primary	ishuri ribanza
n.	school, secondary	ishuri ryisumbuye
n.	school, university	ishuri rikuru
verb	scorn, to; to despise	kugaya
verb	scour, to, to clean	guhanagura, gusiba, gutunganya
verb	scrape, to	guharura
n.	scratch	igikaravu, umukwaru
verb	scratch oneself, to	kwishima
verb	scratch, to	gukobora, gukwarura
verb	scream	gusakuza
phrase	scribe	umwanditsi
n. med	scrotum	ibinagana
verb	scrub {I am scrubbing my face.}	kuhagira {Ndiyuhagira mu maso.}
verb	scrutinize	gusesengura, gusuzuma
n.	sea	inyanja
verb	search diligently, to	gushakashaka
n.	seat	icyicaro (pl. ibyicaro)

94

parts of speech	english	kinyarwanda
n.	second	uwa kabiri
verb	second a motion, to	gusongera
n.	secret	ibanga (pl. amabanga)
verb	secret inquiry	kugigira
n.	secretary	umukarani, umwanditsi
n.	section	icyiciro, igika
phrase	see suddenly, to	kurabukwa
phrase	See you next time/soon.	Tuzongera.
phrase	See you tomorrow.	Ni aheyo.
phrase	See you...	Tuzabonana...
verb	see, to	kureba, kubona, kurora
n.	seed	imbuto
verb	seek, to; search, to	gushaka
phrase	seize property dishonestly, to	guhuguza
verb	seize stealthily, to	gufumbya
verb	select, to	kurobanura
n.	self	ubwa
phrase	self-love	kwikunda
n.	self-respect	ubwiyubahe
phrase	selfish, to be	kwikanyiza
n.	selfishness	ubwikubire
verb	sell, to	kugurisha
verb	send, to {Did you send the books?}	kohereza {Wohereje ibitabo?}
adj. & n.	senior, great, elder (an old tree)	-kuru (igiti gikuru)
verb	separate, to	gucenshura, kuvangura
n.	September	Nzeri, ukwezi kwa cyenda
verb	seriously take an interest in, to	guhugirana
n.	servant (female)	umuja
n.	servant (male)	umugaragu
verb	serve, to	gukorera
n.	session	icyiciro (pl. ibyiciro)
verb	set a time, to	kugena igihe
verb	set aside, to	gutandukanya
verb	set fire, to	gutwika
verb	set, to	gushyira
adj. & n.	seven	-rindwi (ndwi)
n.	seven hundred	magana alindwi
n.	seventeen	cumi na karindwi
adj. & n.	seventy	mirongwirindwi
n.	seventy-eight	mirongo irindwi n'umanane

parts of speech	english	kinyarwanda
n.	seventy-five	mirongo irindwi na gatanu
n.	seventy-four	mirongo irindwi na kane
n.	seventy-nine	mirongo irindwi n'icyenda
n.	seventy-one	mirongo irindwi na rimwe
n.	seventy-seven	mirongo irindwi na karindwi
n.	seventy-six	mirongo irindwi na gatandatu
n.	seventy-three	mirongo irindwi na gatatu
n.	seventy-two	mirongo irindwi na kabiri
verb	sever, to	guca
n.	severity	umwaga
verb	sew, to	kudoda
n.	sex (gender)	igitsina cy'abantu
n.	shadow, shade	igicucu
verb	shake (as rug)	gukunguta
verb	shake (object) hard, to	gucugusa
verb	shake hands, to	gukora mu ntoki
verb	shake head, to (disapproval)	kuzunguza umutwe
verb	shake, to	gutigisa, kujegajega, kuzunguza
n.	shame	ikimwaro
n.	shame {You are disrespectful!}	isoni {Aliko ushira isoni!}
n.	shape, form	ishusho
verb	share with others, to	kugabagabanya
verb	sharp, to be {The machete is not sharp.}	gutyara {Umupanga ntutyaye.}
verb	sharpen, to	kunagura
verb	sharpen, to {Did you sharpen the machete?}	gutyaza {Watyajije umupanga.}
pronoun	she, we	a- (verb prefix)
verb	shed, to	kumena
n.	sheep	intama
n.	sheet	ishuka (pl. amashuka)
phrase	sheet of paper	ikaratasi
verb	shell, to	gutonora
phrase	shelter from rain	ubwugamo
n.	shelter, temporary	ingando
verb	sheltered from, to be	kwanura
n.	shepherd	umwungeri
verb	shepherd, to	kuragira
n.	shield	ingabo, inkinzo
verb	shield, to	gukingiriza
verb	shine, to	kwaka, kubengerana
n.	shipwreck	uburohame

96

parts of speech	english	kinyarwanda
n.	shirt	ishati (pl. amashati), isimizi
n.	shiver	umushitsi
verb	shiver, to {I shiver from the cold.}	gutitira {Ndatitira kubera imbeho.}
n.	shoe	1) ikirato (pl. ibirato) 2) inkweto
phrase	shoes, to wear	guweta
n.	shop	iduka (pl. amaduka), imangazini
adj.	short (a short ladder) {shallow}	-gufi (urwego rugufi)
n.	short cut	inzira y'ubusamu
verb	should, to be obligated (You should boil or filter your water.)	kugomba, kurinda (Ushobora guhyushya cyangwa kuyungurura amazi.)
n.	shoulder	igitugu (pl. ibitugu)
n.	shoulder	urutugu (pl. intugu)
verb	shout for help, to	gutaka
phrase	show less zeal, to	gutezuka
phrase	show oneself, to	kwiyereka
verb	show, to	kwereka, kumurikwa
n.	shred	umutanyu
verb	shrink, to	kugabanya
verb	shut, to; to close	gufunga, gukinga
adj.	shy	igihamuke
n.	sibling	umuvandimwe
n.	sick person {I am going to see a patient.}	umurwayi {Ngiye kureba umurwayi.}
verb	sick, to be {I have a headache.}	kurwara {Ndaye umutwe.}
phrase	sick, to care for the	kurwaza
n.	side (next to)	uruhande
adj.	side, on this	hino
n.	sieve {I sieved the flour.}	akayunguruzo {Nayunguruye ifu.}
verb	sift, to	gushungura
verb	sigh, to	gusuhuza umutima
n.	sign	ikimenyetso (pl, ibimenyetso)
phrase	sign language	amarenga
phrase	sign of the cross	icyitegerezo
verb	signal to come, to	kurembuza
n.	significance	akamaro
interj.	Silence!	Gasapo!
verb	silence, to	guturisha, gutwama
adj.	silent	bucece
verb	silent, to be	1) guhora 2) gicyceka
n.	silver	ifeza
n.	sin	icyaha
verb	sin, to	gucumura

97

parts of speech	english	kinyarwanda
conj. adv	since	aho, aha, kuva
phrase	since the time that	imbara
verb	sing, to	kulilimba
verb	sing, to {They sing well.}	kuririmba {Balilimba neza.}
adj. & n.	single (single woman)	ingaragu
verb	sink, to	kurohama
n.	sir	bwana
verb	sit, to {Sit down!}	kwicara {Nimwicare!}
adj. & n.	six	-tandatu
n.	six hundred	magana atandatu
n.	six months	amezi atandatu
phrase	six times	gatandatu
n.	sixteen	cumi na gatandatu
adj. & n.	sixty	mirongwitandatu
n.	size	ubunini
verb	skeletal, to become	kunyunyuka
n.	skim milk	amakaragano
verb	skin an animal, to	kubaga
phrase	skin for carrying baby	ingobyi
n.	skin, pelt	igikoba, uruhu, umubiri
verb	skirt around	gukikira
n.	skirt, long	umukenyero
n.	sky {The sky is clear.}	ikirere {Ijuru lirakeye.}
verb	slacken, to	gufodoka
n.	slander	igitutsi, urubwa
verb	slander, to	1) guhangira 2) gutuka
n.	slap	urushyi
n.	slate	urubaho (pl. imbaho)
n.	slave	imbata
n.	sleep	ibitotsi
verb	sleep for a moment, to	guhunikira
verb	sleep, to {Did you sleep well?}	gusinzira {Waramukanye amahoro?}
n.	slice	igice, agace
n.	slide	ubunyereli
verb	slide, to	kunyerera, guserebeka
adv.	slightly	buhoro
n.	sling	inkatu
verb	sling, to; to throw	gutera
verb	slip out, to	gusosoroka
adv.	slowly	buhoro

98

parts of speech	english	kinyarwanda
adj.	small (the small eggs)	-toya (amagi matoya)
verb	smash up, to	kurobora
verb	smear, to {I am polishing the shoes.}	gusiga {Ngiye gusiga inkweto.}
verb	smell good, to cause to	guhumuza
verb	smell, to	guhumurirwa, kunukiliza
verb	smile, to	kumwenyura
n.	smoke	umwotsi
verb	smoke, to	kunyura itabi
verb	smooth out, to	gukunjura
n.	snake	inzoka
verb	sneeze, to	kwitsamura
adj.	sniveling	umunishyi
verb	snore, to	guhilita
n.	snow	isimbi
other	so that, in order to	kugirango
phrase	so, so that	kugirango
verb	soak, to {I soaked the bed sheets.}	gutumbika {Ninitse amashuka.}
n.	soap	isabune
n.	sock	isogisi (pl. amasogisi)
verb	soft, to be	koroha
n.	soil	ubutaka
n.	soldier	umusirikare (pl. abasirikare)
adj.	sole	rukumbi
adj.	some (some men)	-mwe (abantu bamwe)
adv.	sometimes	rimwe na rimwe
adv.	somewhere else	ahandi
adv.	somewhere, anywhere	ahantu
n.	son	umuhungu
n.	song	indirimbo
adv.	soon (She will deliver the baby soon.)	1) vuba (Arabyara vuba bidatinze.) 2) bwangu
n.	soot	imbyiro
n.	sore (ulcer)	igisebe (pl. ibisebe)
verb	sore, to be	kubabara
n.	sorghum	amasaka (sing. ishaka)
n.	sorrow {He committed suicide because of grief.}	agahinda {Yiyahuye, kubera agahinda.}
n.	sorrow, deep	amajune
interj.	sorry (sympathy)	wihangane
verb	sorry for one's wrongs, to be	kwicuza
n.	sound	ijwi

parts of speech	english	kinyarwanda
n.	soup	isupu
adj.	sour	gukaliha
phrase	sour taste	ubukarate
verb	sour, to be	kubiha
n.	south	mu majyepfo
n.	souvenir	urwibutso (pl. inzibutso)
verb	sow, to	kubiba
n	space	ikirere, umwanya
phrase	space between the teeth	igihanga
verb	spacious, to be	gutanduka, kwaguka
n.	spade	igipaho (pl. ibipaho), igiposhoro, igitiyo
verb	sparkle, to	kubengerana
n.	spatula	umukiza
verb	speak frankly, to	kwerura
verb	speak indistinctly, to	kudedemanga
verb	speak rudely, to	gukarama
verb	speak with reservations, to	kwiyubara
verb	speak without thinking, to	guhomboka
verb	speak, to {Speak loud.}	kuvuga {Vuga cyane.}
n.	spear	icumu (pl. amacumu)
adj.	special, to be	kwiharira
n.	speed	inkubito
verb	speed, to	kwihuta
verb	spend, to	gukoresha
verb	spill, to	gusesekara
verb	spill, to {He spilled the water.}	kumena {Yamenye amazi.}
verb	spill, to {The water was spilled.}	kumeneka {Amazi yamenetse.}
n.	spine	urutirigongo
n.	spirit	umwuka
phrase	spirit, harmful	igisigo
n.	spit	amacandwe
verb	spit out, to	kuvundereza
verb	spit, to	gucira amacandwe
verb	spoil a child, to	gutetesha
verb	spoil, to	konona
verb	spoil, to (food)	kugaga
phrase	spoiled child	umutesi
n.	spoon	ikiyiko (pl. ibiyiko)
verb	spread out	kurambika
n	spring (of water)	isoko

parts of speech	english	kinyarwanda
verb	spring up, to	guhinguka
verb	sprinkle, to	kuminja
verb	spurt out, to	kunega
n., med	sputum (purulent)	igikororwa
n.	spy	umusirote
verb	spy on, to	kugenza
verb	squander, to	kwangiza, kurondomeza
n.	squash (botanical)	igihaza (pl. ibihaza), umwungu
verb	squeak, to	gusyegera
verb	squeeze, to	gukamura
verb	squint, to	kureba imirali
verb	stabilize, to	gushyigikira
n.	staircase	ibaraza
verb	stammer, to	1) kugingimiranya 2) kurevangwa
verb	stamp one's feet	gukandagira
verb	stand up straight, to	guhagarara
phrase	stand, to (Stand up please.)	guhagaruka (Hagaruka, mushoboro.)
n.	star	inyenyeri
verb	stare at, to; to gaze at	kurangamira
verb	stare wide-eyed, to	gukanagura
verb	start to push	gututuza, gututumuka
verb	start with, to	guhera
verb	start, to	gutangira
verb	startle, to	guhamura
verb	startled, to be	gukanga
phrase	starving person	umuterahejuru
n.	statistics	barura
verb	stay, to; to remain	kuguma, guhama
verb	steal, to	kwiba
verb	step on, to	gukandagira
verb	step over, to	kurenga
verb	step, to	gutambuka
n., med	stethoscope	igikululizo
n.	steward	umujyanama
n.	stick (staff)	uruti (pl. inti)
phrase	stick of firewood	urukwi
verb	stick to, to	kumatira
verb	stick together, to	guhumbika
n., med	stiff neck	urukebu, umukebuko
adj.	still	gituje

parts of speech	english	kinyarwanda
verb	sting, to	kudwinga
phrase	stingy, to be	kwikanyiza
verb	stink, to	kunuka
verb	stir, to; shake, to	kunyiganyiza, kuzunguza
n., med	stomach	igifu
phrase	stomach growling	rukimirana
n.	stone	ibuye (pl. amabuye)
n., med	stool (excrement)	amabyi
verb	stoop down, to	kunama
n.	stop (Where is the next stop?)	arete (Arete ikurikiraho. iri he?)
phrase	stop frequenting a place, to	gucika ahantu
phrase	stop from entering, to	gukumira
phrase	stop the flow, to	gukama
verb	stop up, to	kuzibura
verb	stop work for a moment, to	guhwema
interj.	Stop!	Hagarara! or Buretse!
verb	stop, to {Stop the work, it is getting late }	kureka {Nimurekere aho bulije.}
n.	stopper (in bottle), cork	igipfundikizo
n.	store (shop)	iduka (pl. amaduka)
n.	storm on lake	umuhengeri
n	story	umugani
n	story (floor)	igorofa
verb	stout, to be	kubyibuha
n.	stoutness	ubuzima
verb	straight, to be (as in line)	kugororoka
verb	straighten that which is bent, to	kugorora
verb	straighten, to	gushinga, gufutura
verb	strain, to (filter)	kumimina
verb	strained, become	gushimangira
n.	strainer	akayunguruzo
n.	straw (drinking)	umuheha
n.	straw (to cover a house)	ubwatsi
verb	stray, to	komongana
n.	stream (small river)	umugezi (pl. imigezi)
n.	street	inzira
n.	strength {He has a lot of strength.}	imbaraga {Afite imbaraga nyinshi.}
n.	strength, force	intege
phrase	strength., I do not have	Nta ntege mfite.
phrase	stretch out (arm), to	kurambura
phrase	stretch tight, to	kurega

102

parts of speech	english	kinyarwanda
n.	stretcher	ingobyi
n.	strife	intambara
verb	strike, to (hit)	gukubita, gutangaza
n.	string	umugozi (pl. imigozi)
verb	strive for, to	guharanira, gutsura
phrase	strong man	umunyamaboko
verb	strong, to be	gukomera
n.	struggle	umurwano (pl. imirwano)
phrase	stubborn person	kidakoreka
n.	stubbornness	igishinja, izima
n.	student	umwigishwa (pl. abigishwa)
verb	study, to	kwiga
verb	study, to {What have you studied in mathematics?}	kwiga {Mwize iki mu mibere?}
verb	stumble, to	gusitara
verb	stung, to be (bitten, to be) {He was stung by a bee.}	kuribwa {Yaliwe n'uruyuki.}
verb	stutter, to	1) kudedemanga 2) kugingimiranya
n.	stutters, person who	ikidedemange
verb	submerge, to	kurengerwa
verb	subtract, to	gukura
verb	successful, to be {I was successful.}	gutsinda {Natsinze.}
n.	successor	umukura
verb	suck, to	konka
adj.	sudden, abrupt	gitunguranye
verb	suddenly, to appear	guturumbuka
verb	suffer loss, to (money) {I lost the money.}	guhomba (Narahombye.}
phrase	suffer physically or emotionally	ububabare
phrase	suffering from?, What are you	Ufashwe n'iki?
verb	suffice, to	gukwira
phrase	sufficient., It's	Birahagije. (-hagije)
n.	sugar	igisukari, isukari
n.	sugar cane	igikaju
verb	suitable, to be {This place is suitable.}	gutungana {Haratunganye.}
verb	sulk, to	gushwira
verb	sum up, to	guhina
n.	summary	umurimo (pl. imirimo)
n.	sun	izuba
phrase	sun, to put out in	kwanika
n.	Sunday	ku cyumweru
n.	sunny day {We had a sunny day.}	umucyo {Twagize umucyo.}

parts of speech	english	kinyarwanda
n.	sunset	ikirengazuba
verb	supervise, to	kugenga
n.	supper	amaraliro
n.	supplementary	umugereka
verb	support, to	gutera inkunga, gushyigikira
verb	suppose, to	kugirango
n.	surgeon	umuganga ubaga
n.	surgery	ibagiro
verb	surpass, to	kurusha, kuruta
n.	surplus	akajya-hamwe
phrase	surplus put aside	isagu
verb	surplus, to be a	gusaga
verb	surprise, to	gutungura
phrase	surrender to, to	kujya
verb	surround, to	1) gukikiza 2) gushagara 3) kugota
verb	survive, to	guhonoka
verb	suspect, to	gukeka
verb	suspend, to	guhagarika
n.	suspicion	amakenga
phrase	suspicious person	umukekwa
phrase	swallow without chewing	kumira bunguli
verb	swallow, to {Does it hurt when you swallow?}	kumira {Iyo umira urababara?}
n.	swamp, marsh	igishanga
verb	swap, to	kugurana
n.	swarm	irumbo
phrase	swarm of flies	uruzizi
n.	swarming	umujagato
verb	sway, to	gushushungwa, kwita
n.	sweat	icyuya
verb	sweat, to	kubira icyuya
n.	sweater	umupira (pl. imipira)
verb	sweep, to {Sweep in front of the door.}	gukubura {Kubura imbere y'umulyango.}
n.	sweet potatoes {She washes the sweet potatoes.}	ibijumba {Araronga ibijumba.}
verb	swell, to	gutumba
verb	swell, to {It is swollen.}	kubyimba {Harabyimbye.}
n.	swelling	umubyimbyi
verb	swim, to (Kaitlyn taught her sister how to swim.)	koga (Kaitlyn yigishije murumuna we koga.)
n.	swing (for child to use)	urucunda

104

parts of speech	english	kinyarwanda
verb	swing, to	kwicunda
verb	swollen to be	kubyimbagana
verb	swollen with air {Inflate the tire.}	guhaga {Haga umupira.}
n.	sword	inkota
n.	symbol	umugenzo
n.	sympathy	1) igikundiro 2) impuhwe
n., med	syphilis	imburugu
n., med	syringe	urushinge
n.	system	gahunda
n.	table {Set the table.}	ameza {Jya gutegura ameza.}
n.	tablet, pill (medication)	ikinini (pl. ibinini)
verb	taboo, to be	kuzira
n.	tactics	amakiko
n.	tail	umurizo (pl. imirizo)
phrase	take a step	gutera intambwe
verb	take away, to {I brought them from Alton.}	kuvana {Nabivanye i Alton.}
verb	take back	guhindukiza
verb	take by force	kunyaga
verb	take hold of	kwakira
verb	take hold strongly	guherana
phrase	Take me to the hospital	Njyana ku bitaro.
verb	take out, to; pull out, to	kurandura, gukura
verb	take out, to; to go out; to exit	gusohoka
verb	take part in, to	gusangira
verb	take place, to	guhanguka
verb	take risks, to	kwihara
verb	take the place of, to	guhagararira
phrase	take to someone, to	gushyira
verb	take with force, to	gushikuza, kumamfuza
verb	take, to	gufata, kwenda
verb	take, to {I am taking them.}	kujyana {Ndabijyanye.}
verb	talk against, to	guhinyura
n.	talk, conversation	ikiganiro
verb	talk, to {Who are they talking of?}	kuvuga {Baravuga iki?}
adj.	talkative	indanduzi
phrase	talkative person	impurabunwa
adj.	tall (a long or tall ladder)	-re (urwego rurerure)
phrase	tall person	urwego
verb	tangled up, to get	kubohekana
verb	tangled, to be	gusobana

105

parts of speech	english	kinyarwanda
verb	tardy, to be	gutinda
n.	target	intego
verb	tarnish, to	kwangiza
n.	tarpaulin	ihema
n.	task	umurimo
verb	taste, to	gusogongera
n.	tattoo	urumanzi
verb	taunt, to	gucyurira umuntu
n.	tax	umusoro
n.	tax collector	umusoresha
n	tea	icyayi
verb	teach, to {He teaches the fourth grade.}	kwigisha {Yigisha mu mwaka wa kane.}
n.	teacher	1) umwarimu (pl. abarimu) 2) umwigishwa
n.	teaching, (lesson)	icyigisho (pl. ibyigisho)
verb	tear down, to; demolish, to	gusenya
verb	tear, to {The shirt was torn.}	gucika, guca {Ishati iracitse.}
n.	tears	amalira, amasoza
verb	tease, to	gucyocyora
n.	technique	impuguke
phrase	teeth, lacking	ikinyigishi
phrase	tell a lie, to	kubeshya
verb	tell small lies, to	kubeshyabeshya
phrase	tell the truth	mbese
verb	tell, to {I was not informed by Zoey.}	kubwira {Nabibwiwe na Zoey.}
n.	temperament	amagenda, amarere, amatwara
n.	temperance	ukwiramira
n.	temple	urusengero (pl. insengero)
n., med	temporal mandibular joint	uruhekenyero
adj.	temporary	agateganyo
verb	tempt, to {He tempted me.}	1) gushuka {Yaranshutse.} 2) koshya
n.	temptation	igishuko (pl. ibishuko)
n. & adj.	ten	icumi
n.	ten million	agahumbagiza
n.	tenacity	umuhate
n.	tendency	amatwara
n.	tenderness	urukundo
n.	tent	ihema
phrase	terrible., That's	Ni ishano.
verb	terrified, to be	gukuka umutima
n.	terror	impagarara

parts of speech	english	kinyarwanda
n.	test	ikizami (pl. ibizami)
verb	test, to	kugerageza
n.	Testament, Old	Isezerano Rya Kera
n., med	testicle	ikireberebe
n., med	testicles	amalya
n., med	testicular swelling	igitende
verb	testify against, to	gushinja
verb	testify, to	guhamya
phrase	Thank you very much.	Murakoze cyane.
phrase	Thank you.	Murakoze., nuko nuko
verb	thank, to	gushima
phrase	That is too expensive. (service)	Urahenda.
pronoun	that one	uriya, iriya, ririya, kiriya
pronoun	that one, those	biriya
phrase	That's right.	Ni ibyo
phrase	That's too expensive. (thing)	Birahenda.
phrase	The food is good.	Ibiryo ni byiza.
phrase	the same place	hamwe
adj.	their (their children)	-abo (abana babo)
pronoun	them	bo
adv.	then (And what happened then?)	noneho (Noneho habaye iki?)
adv.	then (I have a meeting in Butare at 10 o'clock then I am eating lunch at noon.)	nuko, ubundi, hanyuma, nyuma (Mfite inama i Butare, nyuma ndajya ku meza sasita.)
phrase	There is...	Hari...
adj & pr	these	aba, bano, iyi, izi
pronoun	they (and they)	-bo (nabo)
pronoun	they are	bali
n.	thief	ingegera, umujura
adj.	thieving	igisambo
n.	thigh	ikibero (pl. ibibero)
n.	thing (nothing much)	inkintu (akantu)
verb	think about, to	kwiburanya
verb	think of, to {What do you think?}	gutekereza {Urabitekerezaho iki?}
phrase	think that..., I	ubanza..., Ngira ngo
n.	thinness	umunanuko
n.	thirst	inyota
phrase	thirst, excessive	urunyota
phrase	thirst, insatiable	inkuma
verb	thirsty, to be	kugira inyota
verb	thirsty, to be very	1) kugurumana 2) kunyoterwa

parts of speech	english	kinyarwanda
n.	thirteen	cumi na gatatu
adj. & n.	thirty	mirongwitatu
n.	thirty-one	mirongo itatu na rimwe
pronoun	this (Listen to this.)	iki (Umva iki.)
adj & pr	this (that)	uyu (uno), iyi (ino), iri (rino), iki (kino)
phrase	This is difficult.	Birakomeye.
phrase	This is easy.	Biroroshye.
phrase	this week	iki cyumweru
phrase	this year	uyu mwaka
n.	thorn	ihwa (pl. amahwa)
adj & pr	those	biriya, abo, iyo, izo
n.	thought	igitekerezo
adj.	thoughtless	intibwiri
adj. & n.	thousand	igihumbi
verb	thrash around, to	kwigaragura
n.	thread	urudodo (pl. indodo)
n.	three	gatatu
n.	three hundred	magana atatu
n.	three months	amezi atatu
verb	thrive, to	gutubuka
n.	throat	umuhogo
verb	throw away, to {Go throw out the pieces of glass.}	kujugunya {Jya kujugunya ibimene.}
n.	thumb or big toe	igikumwe
n.	thunder	inkuba
verb	thunder, to	guhinda
n.	Thursday	ku wa kane
adv.	thus (and so on)	na (n'ibindi n'ibindi)
n., med	tibia	umurundi
phrase	tick (full of blood)	ikirondwe
n.	ticket (How much are the tickets?)	amatiki (Amatiki ni angahe?)
verb	tickle, to	kureshya
verb	tie up, to	guhambira
verb	tie with a cord, to	kuzirika
verb	tie, to	kuboha
verb	tighten, to	kubyiga, kwegeka
n.	tile (floor)	isasa
n.	tile (roof) {We are covering with tiles.}	itegura {Tuzasakaza amategura.}
phrase	time ago, long	kera
n.	time off	uruhushya
phrase	time, at another	ubundi

parts of speech	english	kinyarwanda
phrase	time, on	kare, ku gihe
n.	time, weather	igihe
phrase	time?, At what	Gihe ki?
verb	timid, to be	guhumbira, gutinya
phrase	tiny thing	akadomo
n.	tip	amatabishi
n.	tire	umupira (pl. imipira)
verb	tired, to be {I was tired.}	1) kunanirwa {Nali ndushye.} 2) kuruha
adv.	to and fro	hirya no hino
verb	to do preparation	kwanzika
phrase	to have zeal	kugira umwete
phrase	to the city	mumugi
phrase	to the house	murugo
prep.	to, at (I am going to Kibogora.)	ku, mu, i (Ngiye i Kigali.)
other	to, at {He is in the store.}	ku, mu, i (Ari mu bubiko.)
n.	toad	ikinyamaga
n.	tobacco	itabi
adv.	today {I think he will come today.}	none, uyu munsi {Ngira ngo araza none.}
n.	toe	ino (pl. amano)
adv.	together	hamwe, kumwe
n.	together, a get	iteraniro
n.	toilet	ubugonyi
n.	tollbooth	ihoro
n.	tomato	urunyana (pl. inyanya)
adv.	tomorrow	ejo, ejo hazaza
phrase	tomorrow, day after	ejo bundi
n.	tongue	ikinwa, ururimi
n., med	tonsillitis	gapfura
n.	tool (metal)	icyuma (pl. ibyuma)
n.	tooth	ilinono (pl. amanono)
n.	tooth {I have a toothache.}	iryinya {Ndwaye amenyo.}
n.	tooth, broken	ikijigu
n.	top (on the top)	hejuru
n.	torch	urumuri
n.	torment	agashinyaguro
verb	tormented by shame, to be	gukokwa
n.	torrent	ikiruruma
n.	tortoise	akayamasyo
verb	touch, to {Do not touch the objects.}	gukoraho {Ntimu gakore ku bintu.}
n.	tower	umunara

parts of speech	english	kinyarwanda
n.	town	umudugudu (pl. imidugudu)
n., med	trachea	igihogogo
n.	trade	umwuga
verb	trade, to {He sells tobacco.}	gucuruza {Acuruza itabi.}
n.	trader	umucuruzi, umuhanjuzi
n.	tradition	akarande
verb	train, to (child)	kurera
n.	trait	ingeso
verb	trample on, to	kuribata
verb	transcribe, to	kunakira, gukopora
verb	transmit	gushyikiriza
verb	transmit, from one to another, to	guhererekanya
n.	trap, snare	umutego
verb	trap, to {They set a trap for an animal.}	gutega {Bateze inyamaswa.}
n.	traveller	umugenzi (pl. abagenzi)
verb	traverse, to	kumena
verb	tread on, to	gukandagira
n.	treasury	imari
verb	treat (medical), to	kuvura
verb	treated, take someone to be	kuvuza
phrase	treats illness, one who	umuvuzi
n.	tree	igiti (pl. ibiti)
n.	tree tomato	ikinyomoro (pl. ibinyomoro)
phrase	tree, base of	igishitsi
verb	tremble (earthquake)	kunyeganyega
n.	trial	urubanza
verb	trial, to be in (subject) {We are going to trial.}	kuburana {Tuzaburana.}
n.	tribe	ubwoko (pl. amoko)
n.	tribunal	urukiko
n., med	trichomonas vaginalis	impishwa
verb	trick, to	kuriganya
adj.	trickery	uburiganya
verb	trickle, to	gutonyanga
n.	trip, journey	urugendo, igisaho
verb	triumph, to	gutsinda, kunesha
n.	trouble, problem	amakuba, ibyago, ingorane
verb	trouble, to	kurushya
n.	trowel	umwiko
n.	truck	ikamyo
adj.	true {You speak the truth.}	ukuri {Uvuze ukuli.}

parts of speech	english	kinyarwanda
adv.	truly	bwite, by'ukuri
n.	trunk (of elephant)	umugobora
phrase	trunk of banana tree	umutumba
n.	trust (I trust him.)	icyingiro (Mufitiye ikizere.)
n.	truth	amanyakuli, ukuli
verb	try, to	kogeza
n.	tuberculosis	igituntu
n.	Tuesday	ku wa kabiri
n., med	tumor	ikibyimba
n.	tunnel	umusimu (pl. imisimu), umwina
n.	turkey	dendo
n.	turmoil	urusakabaka
verb	turn around, to	1) guhindukira 2) kwerekera
verb	turn upside down, to {Turn the glasses upside down.}	kubika {Ubika ibikombe.}
n.	twelve	cumi na kabiri
n. & adj.	twenty	makumyabira
n.	twenty-one	makumyabiri na rimwe
adv.	twice	kabiri
n.	twilight	agahihi
adj. & n.	twin	impanga
n. & adj.	two	kabiri
n.	two hundred	magana abili
n.	two months	amezi abiri
n.	two thousand	ibihumbi bibiri
n.	two thousand five hundred	ibihumbi bibiri na magana atanu
n.	two weeks	ibyumweru bibiri
n.	type	ubwoko
n., med	typhoid	tifusi
adj.	ugly, very	umwaku
n., med	ulcer (wound)	igisebe
n., med	umbilical cord	umukungwa
n., med	umbilical hernia	iromba
n.	umbilicus, navel	umukondo
n.	umbrella	umutaka (pl. imitaka)
verb	unable to find	kubura
n.	uncle, maternal	marume
n.	uncle, paternal	data wacu
verb	unclean, to be	guhumana
n.	unconscious	intere
adj.	uncouth	umuginga

parts of speech	english	kinyarwanda
verb	underestimate, to	kugaya
adv.	underneath	munsi
verb	understand each other, to not	kuyoberanwa
verb	understand, to {Do you understand?} [I did not understand.]	kumva {Urabyumva.} [Sinabyumvise.]
verb	undo, to	guhambuka
verb	unfold, to	guhinyurura
adj.	unique	rudoli
verb	unique, to be (only child)	kunega
verb	unite, to	gufatanya
verb	unload, to	gupakurura
verb	unlock, to	gukingura
adj.	unripe (I have unripe fruit.)	-bisi, (Mfite imbuto mbisi.)
adj.	unsatisfactory	nabi
verb	untie (animal), to	kuzitura, kubohora
verb	untie, to	gupfundura
verb	untied, to be {The parcel of books was untied.}	guhambuka {Ibitabo byahambutse.}
prep.	until	kugeza
verb	unveil, to	gutangaza
n.	unwed mother	ikinyandaro
verb	upset, to	kuruha, kubika
phrase	urgent need for something, to have an	kubabara ikintu
verb	urgent, to be {There is urgent work.}	kwihutirwa {Hali imilimo yihutirwa.}
verb	urinate frequently, to	kunyaragura
verb	urinate, to	kunyara
n., med	urine	amaganga, inkali
n.	use {It is very useful.}	akamaro {Bifite akamaro cyane.}
verb	use, to	gukoresha
adv.	usually	ubusanzwe
n., med	uterus	umura
n.	vacation	uruhushya
n., med	vagina	1) igituba 2) umunyu w'imboro 3) inola ibyara
adj.	vain, in	ku busa, ubusa
n.	valley	umubande (pl. imibande)
n.	valuable	ingenzi
n.	value {It is not useful.}	akamaro {Nta kamaro bifite.}
verb	vanquish, to	kuganza
n.	vase for goat milk	igikorwa
n.	vegetable	uruboga (pl. imboga)

112

parts of speech	english	kinyarwanda
n.	veil	agatimba (pl. udutimba)
n.	verb	inshinga
verb	verify, to	gukontorora
n.	verse	umurongo
n.	vertigo	isereli
verb	vertigo, to have	guserera
adv.	very	cyane
phrase	very fast	vuba vuba
verb	very ill, to be	kuremba
adv.	very much	rwose
adj.	very small	-nigiya
n.	vicinity	ino
verb	victim of, to be a	kuzira
n.	village	icyaro (ibyaro), igiturage, umudugudu, ikirorero
n.	vine	umuzabibu (pl. imizabibu)
n.	vineyard	uruzabibu
verb	violent, to become	kurubira
n.	virtue	umuco
verb	visible, to be	kugaragara
verb	visible, to make	kugaragaza
phrase	visit bereaved person, to	kuyaga
verb	visit, to	kureba
n.	visitor (guest)	umushyitsi (pl. abashyitsi)
n.	voice	ijwi
n.	voice, loud	ijwi rirenga
n.	volcano	ikirunga (pl. ibirunga)
verb	vomit, to {I am vomiting worms.}	kuruka {Nduka inzoka.}
verb	vow, to, to swear (oath)	kurahira
n.	vulture	inkongoro
n., med	vulva	igituba, nkobwa
n.	wages	igihembo
n.	waist	urukenyerero
verb	wait for, to	gutega
verb	wait for, to {I am waiting for someone, I do not know when they will come.}	kurindira {Hali umuntu ndindiliye.}
interj.	Wait!	Buretse!
verb	wait, to	gutegereza
verb	wait, to	kwiyumanganya
verb	wake up, to	gukangura, kubyutsa
verb	walk quickly, to	gukataza

parts of speech	english	kinyarwanda
verb	walk slowly, to	gusodoka
verb	walk with difficulty	gusindagira, kwandara
verb	walk, to go for a {Where are you going to walk?}	gutembera {Mutembereye he?}
verb	walk, to {I will go on foot.}	kugenda {Nzagenda ku maguru.}
n.	walking stick	inkoni
n.	wall	urukuta (pl. inkuta)
n.	wall (exterior)	ikibambazi
verb	wander about, to	kuzerera
verb	want, to	gushaka
n.	war	intambara
phrase	warm, to be	kugira ubushyuhe
verb	warn, to {I warn you.}	kuburira {Ndakubuliye.}
verb	wash (body-self)	kwiyuhagira
verb	wash (hands) {I am going to draw water to wash my hands.}	gukaraba {Ngiye kudaha amazi yo gukaraba.}
verb	wash, (another)	kuhagira
verb	wash, (feet)	koga
verb	wash, to	kumesa, koza
verb	waste, to {The money was wasted.}	gupfusha ubusa {Amafaranga yapfuye ubusa.}
n.	watch (clock)	isaha (pl. amasaha)
n.	watchman	umunyezamu, umuzamu
phrase	water of a lake or ocean	amayanja
n.	water pot	ikibindi (pl. ibibindi)
n.	water {The water is cold.}	amazi {Amazi arakonje.}
n.	waterfall	isumo (pl. amasumo)
n.	waves	umuraba
n.	wax	umushahara
n.	way (road) (This way leads to Kibogora.)	inzira, uburyo (Iyi nzira ijya i Kibogora.)
n.	way (shortcut)	inzira y'ubusamu
phrase	We can go!	Tugende!
pronoun	we, us	twebwe, twe
verb	weak, to be	1) gutentebuka 2) kujahurwa
verb	weak, to be {He has little strength.}	kugira intege nke {Afite intege nke.}
n.	wealth	ubutunzi
phrase	wealthy person	umutunzi
phrase	wean prematurely, to (infant)	konkorora
n.	weapon	ikirwanisho, intwaro
verb	wear, to	kwambara
n.	wedding	ubukwe

parts of speech	english	kinyarwanda
n.	Wednesday	ku wa gatatu
verb	weed, to {We weed the beans.}	kubagara {Turabagara ibishyimbo.}
n.	week	icyumweru
n.	week, last	icyumweru gishize
n.	week, next	icyumweru gitaha
n.	weekday	iminsi y'imibyizi
verb	weep, to {The child cries.}	kurira {Umwana aralira.}
verb	weigh, to	gupima
verb	weighed down, to be	gushengura
n.	weight	ireme, uburemere
verb	weight, to gain	kubyibuha
verb	weight, to lose {You lost weight.}	kunanuka {Warananutse.}
phrase	Welcome.	Murakaza neza.
n.	well (water)	iriba
verb	well, to get	gukira
verb	wet, to	gutosa
adj.	what (What is it?) {What type of stone is this?}	-ki, iki (Ni iki?) {Ni buye ki?}
phrase	What are you doing?	Muri gukora iki?
phrase	What are you looking for?	Urashaka iki?
phrase	What are you saying?	Mari kuvuga iki?
phrase	what is more	byongeye kandi
phrase	What is the currency exchange?	Forex ni he he?
phrase	What is this?	Iki n'iki?
phrase	What is your name?	Witwa nde?
phrase	What is your profession?	Umurega wawe ni ururihe?
verb	what to do, to not know	gushoberwa
phrase	What's up?	Ni ibiki?
phrase	What's up? (familiar person)	Bite se?
conj.	when	ubwo , igihe
conj.	when? {When are you returning to the classes?}	Ryali? {Muzasubira kwiga lyali?}
conj.	whenever	uko, iyo
conj.	where	he, aho
phrase	Where are you coming from?	Uvuye he?
phrase	Where are you going?	Mugiye hehe?
phrase	Where are you?	Uri he?
phrase	Where do you live?	Mutuye he?
phrase	Where is it?	Ni he he?
phrase	Where is the bathroom?	Aho kogera ni he?
phrase	Where is...?	Ni he hari...?

parts of speech	english	kinyarwanda
conj.	whereas	naho
conj.	whether	yuko, ari
adj.	which (Which man?)	-he (Uwuhe mugabo?)
n.	whip	ikiboko (pl. ibiboko), umukoba
verb	whip, to	gukubita
n.	whirlpool	inege
verb	whisper, to	kongerera
n.	whistle	ishyorongi, urushyungute
adj.	white	cyera
phrase	white people	abazungu
n.	white person	umuzungu (pl. abazungu)
verb	whiten, to	kwera
phrase	whiteness, dazzling	urwererane
pronoun	who (He came with whom?)	Bande (Yazanye na bande?)
pronoun	who (Who are you?) {singular}	nde (Uli nde?)
phrase	Who are you looking for?	Urashaka nde?
adv.	why? {Why were you absent?} [Why do you provoke the children?]	kuki? n'iki gituma? {Washibiiwe n'iki?} [Kuki mwendereza abo bana?]
n.	wicked person	kirogoya
verb	wicked, to be	gukiranirwa
n.	widow	umupfakazi
n.	widower	umupfakazi
n.	width	ubwaguke
n.	wife	umugore
phrase	wild animal	inyamaswa
n.	wilderness	ubutayu
n.	will	ubushake
verb	willing, to be	kwemera
verb	wilt, to	kuraba
verb	win, to	gutsinda
n.	wind	umuyaga
verb	wind, to	kuzinga
n.	window	idirishya (pl. amadirishya)
n.	windstorm	ishuheri
n.	wine	vino
n.	wing	ibaba (pl. amababa)
verb	wipe	guhanagura
verb	wipe up, to (tears)	kwiyuha
n.	wire	umukwege (pl. imikwege)
n.	wisdom	ubwenge
verb	wise, to be	gutuza

parts of speech	english	kinyarwanda
n.	wish	icyifuzo (pl. ibyifuzo)
n.	witch doctor	umupfumu
phrase	witchcraft	uburozi
prep.	with (Come with me.)	na (Tujyane.)
verb	withdraw quickly, to	kwikubura
verb	withhold, to {He refused to give me the beer.}	kwima {Yanyimye inzoga.}
prep.	without	nta
verb	withstand, to	guhangana
n.	witness	umugabo (pl. abagabo), umuhamya
n.	woman (married)	umugore
n.	woman (old)	umukecuru (pl. abakecuru)
n.	woman (young)	umwari (pl. abari)
n.	wonder	igitangaza
verb	woo, to	kureshya
n.	wood (for fire)	urukwi (pl. inkwi)
n.	word	ijambo (pl. amagambo)
phrase	word mean?, What does this	Ili jambo livuga iki?
n.	word, final	umwanzuro
verb	work for, to	gukorera
verb	work together, to	gukorana
verb	work with zeal, to	gushishikara
n.	work {Cory found work.}	akazi {Cory yabonye akazi.}
verb	work, to {He works for Brei.}	gukora {Akorera Brei.}
n.	worker	umukozi (pl. abakozi)
n.	workshop	ihuguriro
n.	world	isi
n., med	worm	inzoka
n.	worm, tiny	urunyo
verb	worn out, to be completely	guhera
verb	worried, to be	guhangayika
n.	worries	amaganya
n.	worry	inkeke
verb	worsen	gusebuka
verb	worship, to	gusenga
n.	worth	igiciro
n.	wound, injury	igikomere (pl. ibikomere)
verb	wounded, to be	gukomereka
verb	wrap, to	gupfuka
verb	wring out to	gukamura
n.	wrinkle	umunkanyari

parts of speech	english	kinyarwanda
verb	wrinkle, to	gukanyaraza
n.	wrist	ubujana
verb	write, to {I will write them tomorrow.}	kwandika {Nza-b-andikira ejo.}
n., med	xiphoid process	mugabuzi
verb	yawn, to	kwayura
n.	year	umwaka
n.	yeast	umusemburo
verb	yell (pain, sorrow), to howl	kuboroga
adj. & n.	yellow	umuhondo
adv.	yes	yego, yee
adv.	yesterday	ejo, ejo hashize
adv.	yet	nyamara
n.	yogurt milk	ikivuguto
pronoun	you (familiar)	wowe, mwebwe
phrase	You guys go!	Mugende!
phrase	You know.	Muzi.
phrase	You too (singular).	Nawe.
phrase	young girl who does not go to school much	ikaputu
n.	young lady (unmarried)	inkumi (pl. amakumi)
n.	young man (unmarried)	umusore (pl. abasore)
n.	young person	ingaragu
adj.	young, thin (the small or young cows)	-to, toya (inka nto)
n.	younger sibling (male or female talking)	murumuna wanjye
adj.	your (plural) (your children)	-anyu (abana banyu)
adj.	your (singular) (your child)	-awe (umwana wawe)
n.	youth	ubusore
n.	zeal {He works with zeal.}	umwete, ishyaka {Agira umwete ku kazi.}
n.	zebra	imparage
n.	zero	zeru

parts of speech	kinyarwanda	english
adj.	-abo (abana babo)	their (their children)
adj.	-acu (abana bacu)	our (our children)
adj.	-anjye (umwana wanjye)	my (my children)
adj.	-anyu (abana banyu)	your (plural) (your children)
adj.	-awe (umwana wawe)	your (singular) (your child)
adj.	-bi (Buster afite imbwa mbi.)	bad (Buster is a bad or naughty dog.)
adj.	-bi (mubi, kibi etc) {Inzu irasa nabi.}	dirty {The house is dirty.}
adj.	-bisi (amazi mabisi)	fresh, cool (cool water)
adj.	-bisi (inyama mbisi)	raw (the raw meat)
adj.	-bisi, (Mfite imbuto mbisi.)	unripe (I have unripe fruit.)
pronoun	-bo (nabo)	they (and they)
verb	-fite, kugira {Ubu ndicaye nta kazi mfite.}	have, to {I am without work for the moment.}
adj.	-gari (hagari)	broad, wide, spacious
adj.	-gufi (urwego rugufi)	short (a short ladder) {shallow}
adj.	-he (Uwuhe mugabo?)	which (Which man?)
adj.	-inshi (abantu benshi) {Izo nka zigira amata menshi.}	many (many men) {These cows give a lot of milk.}
adj.	-iza (igiti cyiza)	pretty (the pretty tree) {clean}
adj.	-iza (iryoya ryiza)	beautiful (a beautiful feather)
adj.	-iza, neza, (umuntu mwiza)	good (a good man)
adj.	-ke (imisozi mike)	few (not many hills)
adj.	-ki, iki (Ni iki?) {Ni buye ki?}	what (What is it?) {What type of stone is this?}
adj. & n.	-kuru (igiti gikuru)	senior, great, elder (an old tree)
adj.	-kuru (Imigi mikuru mu Rwanda...)	important (The important cities in Rwanda are...)
adj.	-mwe (abantu bamwe)	some (some men)
adj.	-mwe (umuntu umwe)	one, just one (a man)
adj & pr	-ndi (tema ikindi giti)	other (cut another tree)
adj.	-ndi (undi muntu)	another (another man)
adj.	-neza, -iza (abantu beza)	nice (the good men)
phrase	-ngahe (bangahe) {Ipake igurwa angahe?}	how many {This parcel costs how much?}
adj.	-nigiya	very small
adj.	-nini (igiti kinini)	big (a big tree)
adj.	-nini (inyoni nini)	large (a large bird)
adj.	-nzinya (umusemburo munzinya)	minute (tiny) (very little yeast)
adj & pr	-ombi (tuzaza twembi)	both (we are both coming)

parts of speech	kinyarwanda	english
adj.	-onyine (jyenyine)	alone (me alone)
adj.	-ose (igiti cyose)	all, everything (each tree or the whole tree)
adj.	-ose (iminsi yose)	every, whole (always)
adj.	-re (umuntu muremure)	high, deep (a tall man)
adj.	-re (urwego rurerure)	tall (a long or tall ladder)
adj.	-re-re (ukuboko kurekure)	long (a long arm)
verb	-ri, ni (Mwari he?)	is (Where were you?)
adj. & n.	-rindwi (ndwi)	seven
adv.	-sa (jye musa)	only (only me)
adj.	-shya (ibyatsi bishya)	new (the new herbs or grass)
adj. & n.	-tandatu	six
adj. & n.	-tanu	five
adj.	-taraga (adj)	health, to be in good
adj.	-taraga (adj)	safe and sound
adv.	-te (Umeze ute?)	how (How are you feeling?)
n. & adv	-to (ububoko guto)	little (a small arm)
adj.	-to, toya (inka nto)	young, thin (the small or young cows)
adj.	-toto	green (unripe)
adj.	-toya (amagi matoya)	small (the small eggs)
adj.,pro.	-tya (gutya)	like this
phrase	-tyo (gutyo, dutyo)	like that
adj.	-zima (Inka ni nzima.)	alive (The cow is alive, unhurt.)
adj.	-zima (muzima) {Ni muzima.}	healthy {He is in good health.}
pronoun	a- (verb prefix)	she, we
adj & pr	aba, bano, iyi, izi	these
n.	ababoko	muscular strength
phrase	abakokwe	cavity caused by erosion
phrase	abazungu	white people
n.	Afulika	African continent
n.	agacuri (pl. uducuri)	cliff
n.	agahera	finger, little
n.	agahihi	twilight
n.	agahihiro, umubabaro	sadness
n.	agahinda {Yashize agahinda.}	sadness {She is not sad anymore.}
n.	agahinda {Yiyahuye, kubera agahinda.}	sorrow {He committed suicide because of grief.}
n.	agahumbagiza	ten million
n.	agahumbi	one million
n.	agakiza	salvation
n.	agakonzo (udukonzo)	bolt (of door)

120

parts of speech	kinyarwanda	english
n.	agakubo	parenthesis
n., med	agasaho	gallbladder
n.	agasanduku (pl. udusanduku)	box or small box
n.	agashinyaguro	mockery, torment
n.	agasi	desert (ie. Sahara desert)
n.	agasimba (pl. udusimba)	bug, insect
n.	agaso	dungeon
phrase	agasusuruko	day, hot part of
n.	agasuzuguro, umugayo	disdain, contempt
adj.	agateganyo	temporary, provisional
n.	agatimba (pl. udutimba)	veil
n.	agatsiko	group
n.	agatsinsino (pl. udutsinsino)	heel
adv.	ahandi	somewhere else
adv.	ahandi (Nta na hato.) {Aho ari ho hose.}	elsewhere (Nowhere else.) {Everywhere else.}
adv.	ahantu	1) somewhere 2) anywhere
phrase	Aho kogera ni he?	Where is the bathroom?
conj.	aho, aha	since
adv.	ahubwo	rather (but rather)
n.	akababaro, icyiru	compensation
n.	akabago, akadomo	period (versus comma)
n.	akabati (pl. utubati)	1) closet 2) cupboard
n.	akabemba (pl. utubemba), ikinyobwa	1) ground nut 2) peanut
n.	akabi	misfortune
n.	akabinda (pl. utubinda)	panties
n.	akadomo	1) punctuation 2) tiny thing
n.	akaga, imparagarara	danger
n.	akagereshi, umubilikira	funnel
n., med	akagombambari	ankle
n.	akajya-hamwe	surplus
n.	akamaro	1) profit 2) benefit 3) significance
n.	akamaro {Bifite akamaro cyane.}	use {It is very useful.}
n.	akamaro {Nta kamaro bifite.}	value {It is not useful.}
n., med	akameme	epigastric
n.	akamesero (pl. utumesero)	disdain
n.	akananwa, akarevuro, akasakusaku	chin
n., med	akangamulizo, njonogo	coccyx
n., med	akaniga	laryngitis
n.	akanukilizo	sarcasm
n.	akanwa	oral cavity

parts of speech	kinyarwanda	english
n.	akanya	moment
n.	akarande	1) continuation 2) tradition 3) hereditary trait
n.	akarere	locality
n.	akaruho	punishment
n.	akaruhuko	pause
adj.	akataraboneka, ihoho	extraordinary
n.	akayamasyo	tortoise
n.	akayunguruzo {Nayunguruye ifu.}	1) sieve 2) strainer {I sieved the flour.}
n.	akazi (pl. utuzi), umukoro	job
n.	akazi {Cory yabonye akazi.}	work {Cory found work.}
n. & adj.	akazovu	hundred thousand
phrase	akinjire	sadness that lasts a long time
n.	akinjiro, impagarara	anguish
n., med	amabyi	stool (excrement)
n.	amacandwe	1) saliva 2) spit
n., med	amacinya	dysentery
n.	amadahano	ointment, perfumed
n.	amafaranga	money
n.	amafaranga ateganyirijwe ikintu	budget
phrase	amafaranga yo kwituga, ibiturire, ruswa	bribe
phrase	amafu	pleasant coolness (at end of day)
n.	amaga	scales (dry skin or on fish)
n., med	amaganga, inkali	urine
n.	amaganya	1) complaints 2) worries
n.	amaganya, impungenge, inkeke	anxiety
n.	amagenda, amarere, amatwara	temperament
n.	amagerageza	ordeal
n.	amagi {Ntetse amagi.}	eggs {I am cooking the eggs.}
n.	amaguzanya	loan (borrowing)
n.	amahane	1) problems 2) quarrels
n.	amahenehene	goat milk
n.	amahirwe	fortune, good
n.	amahisho	hiding place (secretly)
n.	amahitamo	1) choice 2) preference
n.	amahoro	peace
phrase	amahugu	robbing by force
n.	amahurunguru	goat manure
phrase	amajeli	buzzing in the ears
n.	amajingwe	perplexity
n.	amajune	sorrow, deep

parts of speech	kinyarwanda	english
n.	amajyambere	progress
n.	amakaragano	skim milk
phrase	amakaranka	peanut oil
n.	amakeka	cracks (in the skin)
n.	amakemwa	fault
n.	amakenga	1) apprehension 2) suspicion
n.	amakiko	tactics
n.	amakimbirane	1) continuous quarrels 2)disagreement
n.	amakoto	cotton oil
n.	amakuba, ibyago, ingorane	1) trouble 2) problem
phrase	amakubo	precarious situation
phrase	Amakuru yawe?	How are you? (reciprocated)
phrase	Amakuru yo murugo?	How is your family?
phrase	Amakuru?	How are you?
n.	amalira, amasoza	tears
n., med	amalya	testicles
phrase	amalyama	bedtime
n.	amalyi	excrement
n.	amamesa	palm oil
n.	amande	fine (ie, to pay a)
n.	amanyakuli, ukuli	truth
n.	amanywa	1) daytime 2) in broad daylight
n.	amapfa	food shortage
n.	amaraliro	supper
n., med	amaranda	intestines
n.	amarashi	perfume
n.	amaraso, inkaba	blood
phrase	amarenga	sign language
n.	amarere, ingeso, kamere	character
n., med	amarozi	poisoning
n.	amasabo, ubuntu	generosity
n.	amasaka (sing. ishaka)	sorghum
n.	amase	cow manure
n., med	amaseke, rukaka	hematuria
n.	amashanyarazi	electricity
n.	amashereka	breast milk
n., med	amashyira	pus
phrase	amashyuza	hot springs
n., med	amaso	eyes
n.	amata	milk

parts of speech	kinyarwanda	english
phrase	amata y'ifu	powdered milk
n.	amatabishi	tip
n.	amatara	mattress
n.	amataratara, indorerwamo	glasses (eye)
n.	amatemvu	moss
n.	amatiki (Amatiki ni angahe?)	ticket (How much are the tickets?)
n.	amatsiko	curiosity
n.	amatwara	tendency
n.	amavuta	1) butter 2) grease 3) oil
n.	amavuta, ikinure	fat
phrase	amayanja	water of a lake or ocean
phrase	amayurane	divergent testimony
phrase	amazi akonje	cold water
n.	amazi akonje cyane	ice
n.	amazi {Amazi arakonje.}	water {The water is cold.}
n.	amazimwe, inzimuzi	gossip, indiscretions
adj.	amazinda {Agira amazinda cyane.}	forgetful {He is very forgetful.}
n.	amendenze	harbinger
n.	amendeze	1) incipience 2) precursor
n.	ameza {Jya gutegura ameza.}	table {Set the table.}
n.	amezi abiri	two months
n.	amezi ane	four months
n.	amezi atandatu	six months
n.	amezi atanu	five months
n.	amezi atatu	three months
n. med	amibe	amebiasis
n.	amigabo	refuge
n.	amigure	flattery
n.	amilingire	gullibility
n.	amviyo, indege	airplane
n.	ano, imyaka y'amvuka, urugero	age
n.	arete (Arete ikurikiraho iri he?)	stop (Where is the next stop?)
adv.	ariko	however
conj.	ariko, cyokora	but
phrase	Ashwida! (ishwi)	Not at all!
n.	asima, ubuhwemo	asthma
interj.	Aswhi!	Never!
pronoun	bali	they are
pronoun	Bande (Yazanye na bande?)	who (He came with whom?)
adj & pr	bariya, abo	those

124

parts of speech	kinyarwanda	english
n.	**barura**	statistics
n.	**Biblia Yera, Igitabo cy'Imana**	Bible
n. & adj.	**bikonje, umususuru**	cold
phrase	**Birahagije. (Birahagije?)**	sufficient., It's (Is that enough?)
phrase	**Birahenda.**	That's too expensive. (thing)
phrase	**Birakomeye.**	This is difficult.
phrase	**Birakwiriye.**	necessary., It is
prep.	**birenze urugero**	beyond measure or beyond reason
pronoun	**biriya, abo, iyo, izo**	those
phrase	**Biroroshye.**	This is easy.
adj.	**bisa n'ibyatsi bibisi**	green (color)
phrase	**Bite se?**	What's up? (familiar person)
n.	**bitinze, hatinze**	delay, with
pronoun	**bo**	them
n.	**bombo**	candy
adv.	**bona**	even if
adj.	**bucece**	silent
phrase	**bucya**	night before, the
adj.	**bugufi**	nearby
adv.	**buhoro**	1) slowly 2) slightly
adv.	**buhoro-buhoro**	1) carefully 2) gently 3) little by little
n.	**buji, itabaza (pl. amatabaza)**	candle
phrase	**bukeye**	day after, the
interj.	**Buretse!**	Wait!
pronoun	**buri wese (Twatanze ijana buri wese.)**	each (We each gave 100 francs.)
phrase	**Burije.**	dark., It is getting
adv.	**burundu**	final
n.	**Bwana**	1) Mr. 2) sir
adv.	**bwangu**	soon
adv.	**bwite**	fully
adv.	**bwite, by'ukuri**	truly
phrase	**byibura, nibura**	least, at
adv.	**byimazeyo**	1) finally 2) once and for all
n.	**byinshi cyane**	plenty
adj.	**byinshi, menshi, nyinshi**	a lot
interj.	**byiza, bitunganye**	good
phrase	**byongeye kandi**	what is more
adv.	**by'ukuri, koko**	really
n.	**cumi na gatandatu**	sixteen
n.	**cumi na gatanu**	fifteen

parts of speech	kinyarwanda	english
n.	cumi na gatatu	thirteen
n.	cumi na kabiri	twelve
n.	cumi na kane	fourteen
n.	cumi na karindwi	seventeen
n.	cumi na rimwe	eleven
n.	cumi n'icyenda	nineteen
n.	cumi n'umunane	eighteen
adv.	cyane	1) very 2) exceedingly
adj.	cyane cyane	1) especially 2) mostly
adj & pr	cyane, byinshi	much
prep.	cyangwa	or
adj.	cyera	white
adj.	cyizewe (Nta cyizere.)	certain (It is not certain.)
n.	daimoni	demon
n.	data	papa
n.	data wacu	uncle, paternal
n.	data, umukambwe	father (my)
n.	databuja	1) employer (male) 2) boss (male)
n.	databuja	master, my
n.	dendo	turkey
adv.	dore	here is
phrase	Dore ibyategetwe na muganga wanjye.	Here is my prescription for medicine.
interj.	Dore!	Look!
phrase	ejo bundi	day before yesterday
adv.	ejo, ejo hashize	yesterday
adv.	ejo, ejo hazaza	tomorrow
phrase	Forex ni he he?	What is the currency exchange?
n.	foromasiyo	pharmacy
n.	gacogamihana	prowler
n.	gagungu, imbwa	dog
phrase	gahoga	complaining child
n	gahunda	1) organization 2) appointment 3) order 4) program 5) rhythm 6) system
n., med	gakonkwa	1) bronchitis 2) chronic cough
n., med	gapfura	tonsillitis
interj.	Gasapo!	Silence!
n.	Gashyantare, ukwezi kwa kabiri	February
phrase	gatandatu	six times
n.	gatanu	five times
n.	gatatu	three
n., med	gatiku	salmonella (poisoning)

parts of speech	kinyarwanda	english
n.	Gicurasi, ukwezi kwa gatanu	May
n.	gihamya, intangamugabo	defense, in
phrase	Gihe ki?	time?, At what
adj.	gishyushye (None harashyushye.)	hot (It is hot today.)
n.	gisindisha, inzoga	alcohol
adj.	gitinze	belated
adj.	gituje	still
adj.	gitunguranye	1) sudden 2) abrupt
verb	guca	sever, to
verb	guca ho	go past, to
n., med	guca imbyaro	menopause
phrase	guca intege	1) fatigue 2) extreme
verb	guca umugani	fable, to tell a
verb	guca urubanza	judge, to
verb	gucagagura	chop up in many pieces, to
phrase	gucagata	half-filled, to be
verb	gucakira	catch, to
verb	gucana	maintain the fire, to
verb	gucana, gukongeza {Itara liracanye.}	light (kindle), to {The lamp was on.}
verb	gucapa	print, to
verb	gucapura	photocopy, to
verb	guceceka	silent, to be
verb	gucengera, kumena	penetrate, to
verb	gucenshura, kuvangura	separate, to
verb	gucibwa	cut, to be
verb	gucika	escape, to
phrase	gucika ahantu	stop frequenting a place, to
verb	gucika, guca {Ishati iracitse.}	tear, to {The shirt was torn.}
verb	gucikanwa	1) to make an error 2) to miscalculate
verb	gucira	1) to do something 2) to estimate
verb	gucira amacandwe	spit, to
verb	gucirwaho iteka	condemned, to be
verb	gucogoza	discourage
verb	gucogoza	exhaust, to
verb	gucucuma	mash, to
verb	gucugusa	shake (object) hard, to
verb	gucukura	1) to hollow out 2) to dig
verb	gucumbika	camp, to
verb	gucumbika {Ucumbitse he?}	accommodate {Where are you staying?}
verb	gucumbikira {Ntimwaducumbikira?}	hospitality, to give {Can you provide us lodging?}

127

parts of speech	kinyarwanda	english
verb	gucumbukura	lodging, to leave
verb	gucumura	sin, to
verb	gucumura, gukora icyaha	offend
verb	gucungura	1) to liberate 2) to redeem 3) to replace 4) to save
verb	gucura	iron, to work with
verb	gucura	reach menopause, to
verb	gucura urugomo	party, to have
verb	gucuruza {Acuruza itabi.}	trade, to {He sells tobacco.}
verb	gucweza	quiet for a moment, to stay
verb	gucyocyora	1) to tease 2) to poke fun at
verb	gucyura	1) bring back wife who had left 2) to lead home
verb	gucyurira umuntu	taunt, to
verb	gucyuya	fade, to
verb	gufasha {Bazadufasha gusana ahalimbutse.}	help, to {They will help us repair the foundation.}
verb	gufasha {Ngwino umfashe.}	aid, to {Come to help me.}
verb	gufasha, kugoboka, gutabara	assist, to
verb	gufata	1) to grab 2) to hold
	gufata amajwi	record the voice, to
verb	gufata {Bafashe umujura.}	catch, to {They caught the thief.}
verb	gufata, kwenda	take, to
verb	gufatanura	peel off, to
verb	gufatanya	unite, to
verb	gufatanya, gushyikirana	maintain good rapport
verb	gufatanya, kunga	join, to (things, group)
verb	gufinda	cast lots, to
verb	gufinda, gufora	guess, to
verb	gufodoka	slacken, to
verb	gufora	conjecture about, to
verb	gufotora	photograph, to
verb	gufudika	mistake, to make
verb	gufudika, kuyoba	give an erroneous response, to
verb	gufuha	jealous, to be
verb	gufumbereza, kurakara	1) to be angry 2) to get annoyed
verb	gufumbya	seize stealthily, to
verb	gufunga ingufuli	close a padlock, to
verb	gufunga ishati	button a shirt, to
verb	gufunga, gukinga	1) to shut 2) to close
verb	gufungana	narrow, to be

parts of speech	kinyarwanda	english
verb	gufungura, kulya	1) to have meal 2) to eat
verb	gufunika	dress, to
verb	gufunyanga	mix, to
verb	gufunyanga, gukata	knead (as in bread), to
verb	gufura	laundry, to do
verb	gufutuka	recover
verb	gufutura, gusobanura	explain, to
verb	guha impundu, gutanga impundu	congratulate, to (birth)
verb	guha umugisha	bless, to
verb	guha, kugaba, gutanga	give, to
phrase	guhabuka	run far away
verb	guhabwa, kubona	1) to get 2) to be given
verb	guhaga	satisfied, to be (ate enough)
verb	guhaga umutima	retch, to
verb	guhaga {Haga umupira.}	swollen with air {Inflate the tire.}
verb	guhaganyura	1) to free 2) to clear
verb	guhagarara	stand up straight, to
verb	guhagararira	replace, to
verb	guhagararira	take the place of, to
verb	guhagarika	1) ensure the life 2) to suspend
verb	guhagarika, kurogoya	interrupt, to
verb	guhagarika, kuzamuka	climb, to
verb	guhaguruka (Hagaruka!)	stand, to (Stand up!)
verb	guhaha	barter, to
verb	guhaha {Ngiye guhaha.}	buy (food) {I am going shopping.}
verb	guhahalika	anxious, to be
verb	guhahana	harass, to
verb	guhakana	deny, to
verb	guhakana, kwanga	refuse, to
verb	guhamagara {Hamagara abandi.}	call, to {Call the others.}
verb	guhamba	bury, to
verb	guhambira	tie up, to
verb	guhambuka	undo, to
verb	guhambuka {Ibitabo byahambutse.}	untied, to be {The parcel of books was untied.}
verb	guhamiriza	dance, to
verb	guhamura	startle, to
verb	guhamya	to testify, to attest, to confirm
verb	guhana	punish, to
verb	guhana, guhugura	correct, to
verb	guhana, gutererana	abandon

parts of speech	kinyarwanda	english
verb	guhanagura	1) to dust 2) to polish 3) to wipe
verb	guhanagura, gusiba, gutunganya	1) to scour 2) to clean
verb	guhanaguza uburoso, kogesha ururoso	brush, to
verb	guhanda	fear, to have
verb	guhandaga	dicker, to
verb	guhanga	invent, to
verb	guhanga	introduce (something new), to
verb	guhangana	1) to face (someone) 2) to withstand
verb	guhangara	courageous, to be
verb	guhangayika	to be anxious or worried
verb	guhangira	slander, to
phrase	guhanguka	end of dry season
verb	guhanguka	take place, to
verb	guhanuka, guhubuka	fall from above, to
verb	guhanura	1) to foretell 2) to prophesy
verb	guhanura	misgiving, to have
verb	guharanira, gutsura	strive for, to
verb	guharura	scrape, to
verb	guhata {Hata ibirayi.}	peel, to {Peel the potatoes.}
verb	guhata {Ntabwo nshaka kubahata.}	insist, to {I do not want to force you.}
verb	guhata {Wihata urwo rufunguzo mu rugi.}	force, to {Do not force the key in the door.}
verb	guhaza {Imifuka 30 irahagije.}	satisfy, to {Thirty bags are sufficient.}
verb	guheba {Ndahebye.}	not to find, fail to find {I can not find what I am looking for.}
verb	guheheta	preference, to have a
verb	guhehuka	finished, to be completely
verb	guheka	carry on one's back, to
verb	guhekenya	1) to chew 2) to nibble
verb	guhemba {Wahembye abakozi?}	pay, to {Did you pay the workers?}
verb	guhembuka	revive, to
verb	guhemuka	1) fail to respect one's engagements 2) to decieve 3) to disappoint
verb	guhemuka, kugambana	betray, to
verb	guhemura	1) to be dishonest towards 2) to harm someone
verb	guhenda	extort, to
verb	guhenda {Urahenda.}	overcharge, to {You demand an exaggerated price.}
verb	guhenda, gushuka, kubeshya	deceive, to
verb	guhendahenda	1) to beg earnestly 2) to try to persuade

130

parts of speech	kinyarwanda	english
verb	guhendahenda, gushisha	caress, to
verb	guhenduka	1) to be cheap 2) to be a bargain
verb	guhengama, kubogeka	lean, to
verb	guhera	disappear completely, to
verb	guhera	end, to be near the
verb	guhera	go and rest a long time
verb	guhera	start with, to
verb	guhera	worn out, to be completely
verb	guhera, gukulikira	come after, to
verb	guherana	1) to gain control of 2) to take hold strongly
verb	guherekeza	escort, to
verb	guhererekanya	transmit, from one to another, to
verb	guheruka {Ko udaheruka kubandikira.}	last, to have or make come{ It has been a long time since you have written them.}
verb	guheta, kugondama	bend, to
verb	guheza	1) to end 2) to forbid entry
verb	guhiga, kwirukana	hunt, to
verb	guhihibikanya	chase after, to
verb	guhilita	snore, to
verb	guhimba, kuvumbura	discover, to
verb	guhimbira	insult, to
verb	guhina	1) to abridge 2) to abbreviate
verb	guhina	sum up, to
verb	guhina, gukunja, kuzinga	1) to bend 2) to fold
verb	guhinda	1) to roar (like a storm) 2) to thunder
verb	guhinduka	change shape, to
verb	guhinduka {Byarahindutse.}	become other, to {It was changed.}
verb	guhindukira	1) retrace the path 2) to turn around
verb	guhindukira, guhindura, kugaruka, kuza	1) to come back 2) to return
verb	guhindukiza	take back
verb	guhindura	modify, to
verb	guhinga	dig in the garden, to
verb	guhinga	1) to hoe 2) to plow
verb	guhinga {Yagiye guhinga.}	cultivate, to {He went to cultivate.}
verb	guhinguka	1) to appear 2) to spring up
verb	guhinguka, gusohora (Indege irahagera sasita.)	arrive, to (The plane is due at noon.)
phrase	guhinira bien	get a long well, to
verb	guhinyuka	deteriorate, to
verb	guhinyura	depreciate, to

parts of speech	kinyarwanda	english
verb	guhinyura	disapprove, to
verb	guhinyura	talk against, to
verb	guhinyurura	unfold, to
verb	guhirika	fall over, to make
verb	guhirika	push away, to
verb	guhirwa	1) to be lucky 2) to be fortunate
verb	guhirwa, kunezererwa	happy, to be
verb	guhisha	hide, to
verb	guhishahisha	conceal, to
verb	guhishura	reveal
verb	guhita	pass by, to
verb	guhitwa	diarrhea, to have
verb	guhizuka	diminish the quantity, to
verb	guhobera	embrace, to
verb	guhodoka	extenuate, to
phrase	guhogora	laryngitis, to have
verb	guhoma	plaster, to
verb	guhomba (Narahombye.}	suffer loss, to (money) {I lost the money.}
verb	guhomboka	speak without thinking, to
phrase	guhondagura	hit many times, to
verb	guhondahonda	grind, to
verb	guhonga	change mood and become angry
verb	guhonoka	survive, to
verb	guhora	1) to avenge 2) to cool 3) to be silent
verb	guhorahoza	rock, to
verb	guhorota	lose a lot of weight, to
verb	guhorota	rattle, (noise made before death)
verb	guhoza	quench one's thirst
verb	guhubuka	rush, to
verb	guhuga	forget, to momentarily
verb	guhugenza	distract, to
verb	guhugirana	seriously take an interest in, to
verb	guhuguka	capable, to be
verb	guhuguka	intelligent, to be
verb	guhugura	inform, to
phrase	guhuguza	seize property dishonestly, to
verb	guhuha	blow, to
verb	guhuhuka	expire, to (die)
verb	guhukwa	frightened, to be
verb	guhuma, guhumagurika	blind, to become

132

parts of speech	kinyarwanda	english
verb	guhumana	1) to have a bad reputation 2) to be unclean
verb	guhumanya	defile, to
verb	guhumbika	stick together, to
verb	guhumbira, gutinya	timid, to be
verb	guhumbya	blink, to
verb	guhumeka {Urahumeka neza?}	breathe {Is your breathing good?}
verb	guhumiliza (guhumiriza)	close the eyes, to
verb	guhumuka	regain sight, to
verb	guhumura	prune, to
verb	guhumurirwa, kunukiliza	smell, to
verb	guhumuriza	1) to comfort 2) to console
verb	guhumuza	cure vision, to
verb	guhumuza	finish off the milk, to
verb	guhumuza	finished, to be
verb	guhumuza	smell good, to cause to
verb	guhunga	flee, to
verb	guhungira	exile, to be in
verb	guhungura	husk, to
verb	guhunikira	sleep for a moment, to
verb	guhura {Twahuliye mu isoko.}	meet, to {We met at the market.}
verb	guhuriza	model, to
phrase	guhurura	go out against, to
verb	guhuza	1) to reunite 2) to be of the same nature
verb	guhwema	1) to catch your breath 2) to rest a little 3) to stop work for a moment
verb	guhwema, kuruhuka	rest, to
phrase	guhwera	breathe one's last
verb	guhweza	contemplate
verb	guhwika	pull down, to
verb	gukabakaba	palpate, to
verb	gukabya	much, to be too
verb	gukabya {Birakabije.}	exaggerate, to {It was exaggerated.}
adj.	gukaliha	sour
verb	gukama	1) to stop the flow 2) to be dry
verb	gukama {Inka imwe ishobora gukamwa litero munani mu munsi.}	milk, to {One cow can give 8 liters per day.}
verb	gukambya	frown, to
verb	gukamura	1) to squeeze 2) to wring out
verb	gukamya	dry, to
verb	gukanagura	stare wide-eyed, to
verb	gukanantura	open the eyes widely, to

133

parts of speech	kinyarwanda	english
verb	gukandagira	1) stamp one's feet 2) to step on 3) to tread on
verb	gukanga	startled, to be
verb	gukangara	blame somebody, to
verb	gukangisha	intimidate, to
verb	gukanguka	crumble, to
verb	gukangura, kubyutsa	wake up, to
verb	gukanika	mechanic, to be
verb	gukanira	bind, to
verb	gukanja	chew for a long time, to
verb	gukanuka	epistaxis (nosebleed)
verb	gukanura	open the eyes
verb	gukanyaraza	wrinkle, to
verb	gukanyiliza	clench one's teeth
verb	gukaraba {Ngiye kudaha amazi yo gukaraba.}	wash (hands) {I am going to draw water to wash my hands.}
verb	gukarabisha	receive someone in one's home, to
verb	gukarama	speak rudely, to
verb	gukaranga	1) to broil 2) to fry
verb	gukata	1) to cut 2) to mow
verb	gukataza	walk quickly, to
verb	gukayuka	flavor, to lose
verb	gukeba	carve, to
verb	gukeba {Nakebye inyama.}	cut meat, to {I cut the meat.}
verb	gukegeta	eat a lot, to
verb	gukeka	suspect, to
verb	gukena	1) to be needy 2) to be poor
verb	gukenga	mistrust, to
verb	gukenyeza	belt, to put on
verb	gukera	saw, to
verb	gukerereza {Nagukrereje.}	late, to make {I made you late.}
verb	gukererwa {Nzakererwa.}	late, to be {I will be late.}
verb	gukesha	have thanks, to
verb	gukikira	skirt around
verb	gukikiza, gushagara	surround, to
verb	gukina {Harakina ayahe makipe?}	play, to {What teams are playing?}
verb	gukinda	rape, to
verb	gukinga	lock, to
verb	gukingirana	lockup, to
verb	gukingiriza	1) to hide from sight 2) to shield
verb	gukingura	unlock, to

parts of speech	kinyarwanda	english
verb	gukingura {Kingura.}	open, to {Open the door.}
verb	gukira	well, to get
verb	gukira {Arakize.}	rich, to be {He is rich.}
verb	gukira, gukiza, kuvura	1) to heal 2) to cure
verb	gukiranirwa	wicked, to be
verb	gukiranuka	1) to be in agreement 2) to be disentangled 3) to leave a difficult situation
verb	gukiza	1) to rescue 2) to save
verb	gukizwa	saved, to be
verb	gukoba	harden, to
verb	gukobora, gukwarura	scratch, to
verb	gukodesha	hire, to
verb	gukokwa	tormented by shame, to be
verb	gukoma	hinder, to
verb	gukoma amashyi	clap, to
verb	gukomana	dense, to be (forest)
verb	gukomanga {Komanga arahali.}	knock, to {Knock on the door, he is there.}
verb	gukomanya	knock together, to
verb	gukomera	boo, to
verb	gukomera	strong, to be
verb	gukomera {Kubona akazi birakomeye.}	difficult, to be {It is difficult to find work.}
verb	gukomereka	injured, to be
verb	gukomereka	wounded, to be
verb	gukomeza	1) to encourage 2) to fortify 3) to keep on
verb	gukomeza {Jye ndakomeje.}	carry on, to {I will continue on this route.}
verb	gukomeza {Nzakomeza ejo.}	continue, to {I will continue tomorrow.}
verb	gukomeza, gusongora	reinforce, to
verb	gukomoka	1) to be born of 2) to descend from
verb	gukomora	denigrate, to
verb	gukona	castrate, to
phrase	gukongeza	afire, to set
verb	gukonja	cool, to be
verb	gukonja	damp, to be
verb	gukonja {Ndakonje.}	cold, to be {I am cold.}
verb	gukonjesha	cool, to let
verb	gukontorora	verify, to
verb	gukora	compose
verb	gukora mu ntoki	shake hands, to
verb	gukora {Akorera Brei.}	work, to {He works for Brei.}
verb	gukora, kugenza	act, to
verb	gukora, kugira	1) to make 2) to do

135

parts of speech	kinyarwanda	english
verb	gukoraho {Ntimu gakore ku bintu.}	touch, to {Do not touch the objects.}
verb	gukorana	work together, to
verb	gukorera	1) to serve 2) to work for
verb	gukoresha	1) to spend 2) to use
verb	gukorogoshora	hollow out, to
verb	gukorora {Arakorora cyane.}	cough, to {She coughs a lot.}
verb	gukosa	commit an error, to
verb	gukosama	false, to be
verb	gukosora	rectify
verb	gukosora {Ni nde umwana se adakosora?}	correct, to {Who is the child that his father does not correct?}
phrase	gukoza	occupied by, to be
verb	gukubagura	rub with force, to
verb	gukubiliza	ask with assertiveness, to
verb	gukubira	bustle about, to
verb	gukubiranya	bend two times, to
verb	gukubita	whip, to
verb	gukubita, gupiga	beat, to
verb	gukubita, gutangaza	strike, to (hit)
verb	gukubitirana	coincide, to
verb	gukubukwa	revolt against, to
verb	gukubura	clean with a brush, to
verb	gukubura {Kubura imbere y'umulyango.}	sweep, to {Sweep in front of the door.}
phrase	gukujura	rough skin, to have
verb	gukuka	dislocate, to (one's joint)
verb	gukuka umutima	terrified, to be
verb	gukulika	force someone to take something, to
verb	gukuma	empty, to
verb	gukumakuma	amass, to
phrase	gukumbura	1) to miss someone 2) to be lonesome for
phrase	gukumira	stop from entering, to
verb	gukunda	like, to
verb	gukunda {Adam akunda abana be.}	love, to {Adam loves his children.}
verb	gukundira, kureka	allow, to
verb	gukunduka, kugwa	collapse, to
verb	gukungahaza	enrich, to
phrase	gukungera	provoke a fight, to
verb	gukunguta	shake (as rug)
verb	gukunja	hitch up, to
verb	gukunjura	smooth out, to

136

parts of speech	kinyarwanda	english
verb	gukura	grow, to
verb	gukura	1) to remove 2) to subtract
verb	gukura ubwatsi	congratulate (graduate)
verb	gukurikira {Akulikira neza.}	follow, to {He is doing well in class.}
verb	gukurikirana	monitor
verb	gukurikirana	prosecute
verb	gukurubana	drag along, to
verb	gukurura	pull, to
verb	gukuyakuya	care for lovingly, to
verb	gukuyakuya	protect, to
verb	gukwa	dowry, to pay (give a cow as dowry)
verb	gukweta	sandals, to wear
verb	gukwetura	sandals, to take off
verb	gukwira	1) to be enough 2) to suffice
verb	gupakira	load, to (I am going to load the truck.)
verb	gupakira	pack, to
verb	gupakurura	unload, to
verb	gupfa, kwitaba Imana (Yapfuye mu ijoro ryakeye.)	die, to (He died last night.)
verb	gupfakara	become widowed or a widower
verb	gupfana	related, to be
verb	gupfayonga	frivolous, to be
verb	gupfuka	1) to cover 2) to wrap
verb	gupfukama	kneel down, to
verb	gupfumuka	hole, to get (as in pot)
verb	gupfumura	hole, to make
verb	gupfundika	knot, to make a
verb	gupfundikanya	knots, to tie
verb	gupfundikira	cover with lid, to
verb	gupfundura	untie, to
verb	gupfusha ubusa {Amafaranga yapfuye ubusa.}	waste, to {The money was wasted.}
verb	gupima	1) to examine 2) to measure 3) to weigh
verb	gupyinagiza	oppress, to
n.	gusa	deprivation
adj.	gusa	empty
verb	gusa {Umwana wawe murasa.}	resemble, to {Your baby resembles you.}
verb	gusa, kumera	like, to be
adv.	gusa, ubusa (-nyine)	only
verb	gusaba	1) to beg for 2) to demand 3) to implore
verb	gusaba {Mbasabye ko muzaza ejo.}	demand {I request you come tomorrow.}

137

parts of speech	kinyarwanda	english
verb	gusaba uruhushya	permission, to ask for
verb	gusaba, gusenga	pray, to
verb	gusaba, gutama	invade, to
verb	gusabana	friends, to be good
verb	gusaga	1) to be more than 2) to be a surplus
verb	gusagamba	flourishing, to be
verb	gusagara	annoy, to
phrase	gusaguka	over and above, to be
verb	gusahura	plunder, to
verb	gusahuza	say hello to someone
verb	gusakabaka	cry out, to
verb	gusakara	propagate, to
phrase	gusakara {Inzu irava nzahasakara ejo.}	roof, to put on {I will fix the hole in the roof tomorrow.}
verb	gusakuza	1) to cry aloud 2) to scream
verb	gusakuza {Basakuje.}	noisy, to be {They are making noise.}
verb	gusamaguza	pant, to
verb	gusamba, kuremba	be dying, to
verb	gusambana	adultery, to commit
phrase	gusambura	roof, to take off
verb	gusana {Tuzahasana.}	repair, to {We are repairing the damage.}
verb	gusandara	scatter, to
verb	gusanga	1) to go back to 2) to go towards
verb	gusanga {Sanga Judy.}	go to find, to {Go find Judy.}
verb	gusanganira	meet, to go to
verb	gusanganira {Yagiye kubasanganira i Effingham.}	greet, to {He went to greet them in Effingham.}
verb	gusangira	1) to have in common 2) to take part in
verb	gusara	1) to be crazy 2) to lose reason 3) to become mad (crazy)
verb	gusarura {Tugiye gusarura ibishyimbo.}	harvest, to {We are going to harvest the beans.}
verb	gusasa	bed, to make a
verb	gusatura	divide in many parts, to
verb	gusatura	roar with laughter, to
verb	gusatura, kwasa	cut lengthwise, to
verb	gusaya {Imodoka yasaye.}	get bogged down, to {The car was stuck in the mud.}
verb	gusaza	old, to become
verb	gusebuka	worsen
verb	gusebwa	ground, to be

parts of speech	kinyarwanda	english
verb	gusebya	defame, to
verb	guseka	laugh, to
verb	gusekura {Arasekura amasaka.}	grind, to {She grinds the sorghum.}
verb	gusembura	leaven, to
verb	gusendera	filled to the brim, to be
verb	gusenga	worship, to
verb	gusenya	1) to destroy 2) to tear down 3) to demolish
verb	gusenya	gather firewood, to
verb	gusera	climb on, to
verb	guserera	vertigo, to have
verb	gusesa	1) to dig 2) to overturn
verb	gusesekara	1) to spill 2) to overflow
verb	gusesengura	examine carefully, to
verb	gusesengura, gusuzuma	scrutinize
verb	gusetsa	entertain
verb	gusezera	1) to bid farewell 2) to take leave of
verb	gusezera	put the finishing touches to, to
verb	gusezerana	agree on, to
verb	gusezerana {Yansezeranije.}	promise, to {He promised me.}
verb	gushaka	1) to seek 2) search, to
verb	gushaka	want, to
verb	gushaka {Ndashaka imfunguzo zanjye.}	look for, to {I am looking for my keys.}
verb	gushaka, kwifuza	desire, to
verb	gushakashaka	search diligently, to
verb	gushakisha	help to look for, to
verb	gushengura	weighed down, to be
verb	gushenya, kubora	1) to rot 2) to deteriorate
verb	gushidikanya, gutindaganya, kuzina, kwiginagina	hesitate, to
verb	gushidikanya, kwijana	doubt, to
verb	gushikuza, kumamfuza	take with force, to
verb	gushima	thank, to
verb	gushimangira	1) to nail 2) to become strained
verb	gushimisha (Ashimishwa n'ubusa.)	satisfy, to (She is easy to please.)
verb	gushinga	1) to build 2) to establish
phrase	gushinga umusozi	climb a hill, to
verb	gushinga {Shinga ibiti binini.}	drive stake, to {Sink the large pillars.}
verb	gushinga, gufutura	straighten, to
verb	gushingura	pull out
verb	gushinja	testify against, to
verb	gushinyagura	mock, to

parts of speech	kinyarwanda	english
verb	gushira	exhausted, to be
verb	gushira {Amafaranga yarashize.}	finish, to {There is no more money.}
phrase	gushishikalira {Dushishikalire kwiga.}	apply oneself, to {We apply ourselves to our homework.}
verb	gushishikara	work with zeal, to
verb	gushishikaza	encourage to make an effort
verb	gushishimura	rip, to
verb	gushoberwa	1) to be deadlocked 2) to not know what to do
verb	gushoboka {Birashoboka.}	feasible, to be {It is possible.}
verb	gushoboka {Ntibishoboka.}	possible, to be {It is not possible.}
verb	gushobora {Ushobora kunyogosha?}	able, to be {Can you cut my hair?}
verb	gushoka	fall, to
verb	gushonga	melt, to (sugar)
verb	gushorera	lead, to
verb	gushubera	disappear in the distance, to
verb	gushuka {Yaranshutse.}	tempt, to {He tempted me.}
verb	gushukana	deceive others habitually
verb	gushukarara, kurarikira, kuwara, kwifuza	covet, to
verb	gushukashuka	entice, to
verb	gushumukura	let go of, to
verb	gushungura	sift, to
verb	gushushanya	depict, to
verb	gushushanya {Washushanyije iki?}	draw, to {What did you draw?}
verb	gushushirwa	have a fever, to
verb	gushushungwa, kwita	sway, to
verb	gushwara	confused
verb	gushwarwa	ashamed of, to be
verb	gushwira	sulk, to
verb	gushya	catch fire, to
verb	gushyedeka	flatter, to
verb	gushyenga	1) to clown 2) to joke
verb	gushyigikira	stabilize, to
verb	gushyika	1) to arrive at 2) to attain
verb	gushyikirana	correspond with, to
verb	gushyikiriza	transmit
verb	gushyingirwa	marry, to
verb	gushyira	1) to take to someone 2) to set
verb	gushyira kurigahwundo	organize
verb	gushyira {Bishyire Madalyn.}	hand over, to {Carry them to Madalyn.}

parts of speech	kinyarwanda	english
verb	gushyira {Nabishyize ku meza.}	put, to {I put them on the table.}
verb	gushyitsa	forward something, to
verb	gushyuha {Harashyushye.}	hot, to be {It is hot.}
verb	gushyushya {N'shyuhiliza amazi.}	heat, to {Warm up the water for me.}
verb	gusiba	1) to block 2) to erase 3) to omit
verb	gusiba (Yasibye ku kazi uyu munsi.)	absent, to be (He is absent from work today.)
verb	gusiba {Yasibye.}	1) to abstain 2) to absent, to be {He is absent.}
verb	gusiba, kuzibira	obstruct, to
verb	gusibya	inhibit, to
verb	gusifura	blow a whistle, to
verb	gusiga	1) to anoint 2) to leave
verb	gusiga {Ngiye gusiga inkweto.}	smear, to {I am polishing the shoes.}
verb	gusiga {Tuzasiga amadilishya.}	paint, to {We're painting the windows.}
verb	gusigara	left behind, to be
verb	gusigara {Hasigaye imifuka ingahe?}	remain, to {How many bags are left?}
verb	gusimbuka	1) to jump 2) to leap
phrase	gusimbura	follow someone in a position
verb	gusinda {Yasinze.}	intoxicated, to be {He is drunk.}
verb	gusindagira, kwandara	walk with difficulty
verb	gusingiza, kubaha	honor, to
verb	gusinzira {Waramukanye amahoro?}	sleep, to {Did you sleep well?}
verb	gusitara	stumble, to
verb	gusobana	tangled, to be
verb	gusobanuka	clear up, to
verb	gusobanura	1) to disentangle 2) to put in order
verb	gusobanuza {Jya gusobanuza.}	interpret, to ask to {Go ask for an explanation.}
verb	gusodoka	1) to dawdle 2) to walk slowly
verb	gusogongera	taste, to
verb	gusohoka	1) to take out 2) to go out 3) to exit
verb	gusohora	1) to put outside 2) to reach
verb	gusohoza	1) to accomplish 2) to finish 3) to achieve
verb	gusokoza	comb, to
verb	gusoma	1) to read 2) to kiss
verb	gusoma, kunywa	drink, to
verb	gusongera	second a motion, to
verb	gusonza, kugira	hungry, to be
verb	gusora {Warasoze?}	pay taxes, to {Did you pay the taxes?}
verb	gusoroma	pick, to

parts of speech	kinyarwanda	english
verb	gusoroma {Jya gusoroma imboga zo guteka.}	harvest, to {Go harvest some beans to have for dinner.}
verb	gusosoroka	slip out, to
verb	gusubira {Dusubire ku kazi.}	return, to {Return to our work.}
verb	gusubirano	regain, to
verb	gusubiza	return something, to
verb	gusubiza {Yagushubije iki?}	answer, to {What was his response?}
verb	gusuhuza	greet (in letter)
verb	gusuhuza umutima	sigh, to
verb	gusuka	pour, to
verb	gusukura {Ngiye gusukura mu cyumba cyanjye.}	clean, to make {I am going to clean my room.}
verb	gusumira, gufata	1) to grab 2) to seize
verb	gusunika	jostle, to
verb	gusunika {Nimusunike.}	push, to {Push the car.}
verb	gusura {Ngiye gusura Allie.}	go to visit, to {I am going to visit Allie.}
verb	gusuzugura	disobey, to
verb	gusuzuma {Tuzabisuzuma twitonze.}	examine, to {We will examine it with attention.}
verb	gusya {Waseye amasaka?}	grind, to {Are you grinding the sorghum?}
verb	gusyegera	squeak, to
verb	guta {Wita izo mpapuro.}	discard, to {Do not discard these papers.}
verb	gutaba	bury, to
verb	gutabama	bogged down, get
phrase	gutabara {Dutabare kwa Elijah, harahiye.}	help willingly, to {We're going to help Elijah, his house is burning.}
phrase	gutaha	home, to go
verb	gutaka	1) to shout for help 2) to embellish
phrase	gutaka amasaro	garnish with pearls
phrase	Gutaka umutwe.	complain of a headache., To
verb	gutaka, kuganya	1) to complain 2) to groan 3) to wail
verb	gutakaza	lose, to
verb	gutamba, kwigomwa	sacrifice, to
verb	gutambika	1) to place crosswise 2) to be horizontal
verb	gutambika, kuringanira	flat, to be
verb	gutambuka	1) to step 2) to advance
verb	gutanduka, kwaguka	spacious, to be
verb	gutandukana	1) to be different 2) to be distinct
verb	gutandukana	disconnect, to
verb	gutandukana {Baratandukanye.}	part with, to {They have separated.}
verb	gutandukanya	set aside, to

parts of speech	kinyarwanda	english
verb	gutandukanya {Tandukanya izo ntebe.}	distinguish between, to {Space out the chairs.}
verb	gutanga	be ahead of, to
verb	gutanga {Yatanze ibiti byinshi.}	offer a gift, to {He gave a lot of trees.}
verb	gutanga, kwemera	grant, to
verb	gutanganika	exhibit
verb	gutangara	1) to be amazed 2) to be full of admiration
verb	gutangatanga	encircle, to
verb	gutangaza	1) to astonish 2) to bewilder 3) to unveil
verb	gutangaza {Mwatangajwe n'iki?}	amaze, to {Who did you amaze?}
verb	gutangaza, kwamamaza	publish, to
verb	gutangira	1) to begin 2) to start 3) to cut off one's path 4) to hinder one from going
verb	gutangira {Luke, muzatangira kwiga lyali?}	commence, to {Luke, when are you going to start studying?}
verb	gutashya	firewood, to gather
verb	gutata	dishonesty, to show
verb	gutatamura	roar with laughter, to
verb	gutatana	dislocate from others, to
verb	gutatana	disperse, to
verb	gutega	1) to bet 2) to extend a hand 3) to wait for
verb	gutega {Bateze inyamaswa.}	trap, to {They set a trap for an animal.}
verb	guteganya {Murateganya ko hazaza bangahe?}	anticipate {How many people do you expect?}
verb	gutegeka	1) to govern 2) to order 3) to command
verb	gutegereza	wait, to
verb	gutegura {Ngiye gutegura akazi k'ejo.}	prepare, to {I am going to prepare the work for tomorrow.}
verb	gutegura, kwitegura (Rita yiteguye kugenda.)	prepare, to (Rita is getting ready to go out.)
verb	guteka {Ntetse icyayi.}	cook, to {I am making the tea.}
verb	gutekereza	reflect, to
verb	gutekereza {Urabitekerezaho iki?}	think of, to {What do you think?}
verb	gutekereza {Yadutekerereje iby'urugendo rwe.}	recount, to {He told us about his trip.}
verb	gutema	cut down, to (tree)
verb	gutemba	flow, to
verb	gutemba, kwanuka	burst out laughing, to
verb	gutembagaza	make roll, to
verb	gutembera	circulate, to
verb	gutembera {Mutembereye he?}	walk, to go for a {Where are you going to walk?}

143

parts of speech	kinyarwanda	english
verb	gutentebuka	weak, to be
verb	gutera	1) to antagonize 2) to bring about 3) to drive away 4) to fix 5) to inspire a sentiment 6) to sling 7) to throw
verb	gutera inkunga, gushyigikira	support, to
phrase	gutera intambwe	take a step
phrase	gutera iseseme	nausea, to provoke
verb	guterana	1) to gather together 2) to be joined 3) to meet
verb	gutereka {Aya mazi uyatereke mu gikoni.}	deposit, to {Set this water in the kitchen.}
verb	guterura	lift, to
verb	guteta	1) to act childishly 2) to do amusing things
verb	gutetesha	spoil a child, to
phrase	gutezuka	get slack, to
phrase	gutezuka	show less zeal, to
verb	gutigisa, kujegajega, kuzunguza	shake, to
verb	gutigita	flabby, to be
verb	gutinda	1) to delay 2) to be tardy
verb	gutinya {Ntacyo atinya.}	afraid, to be {He fears nothing.}
verb	gutinya, kugira ubwoba, kwishisha (Nta giteye ubwoba na kimwe.)	fear, to (There is nothing to fear.)
verb	gutinyuka	fearless, to be
verb	gutinyuka, kubahuka	dare, to
phrase	gutitimira	hand tremor
verb	gutitira {Ndatitira kubera imbeho.}	shiver, to {I shiver from the cold.}
verb	gutiza, gutira	lend an object, to
verb	gutoba, gutoteza	persecute, to
verb	gutobora {Utobore mu ndiba y'idebe.}	pierce, to {Pierce the bottom of the can.}
verb	gutoha, kumeruka	repel, to
verb	gutona	favorite, to be a
verb	gutongana {Baratonganye.}	quarrel, to {They are arguing.}
verb	gutonganya	chide, to
verb	gutonganya, gucyaha	rebuke, to
verb	gutonora	1) to husk 2) to shell
verb	gutonora {Tonora imineke.}	peel, to {Peel the bananas.}
verb	gutonyanga	1) to drip 2) to trickle
verb	gutora	1) to choose 2) to find lost object
verb	gutora {Tora urwo rushinge.}	pick up, to {Pick up this needle.}
verb	gutoragura {Toragura ibyo biceli.}	pick up, to {To pick up these pieces.}
verb	gutoranya, gutoragura	choose from group, to

144

parts of speech	kinyarwanda	english
verb	gutosa	1) to wet 2) to growl
verb	gutsemba	exterminate, to
verb	gutsikama	crammed, to be
verb	gutsinda	1) to overcome 2) to defeat 3) to win
verb	gutsinda {Natsinze.}	successful, to be {I was successful.}
verb	gutsinda, kunesha	triumph, to
verb	gutsindagira	cram, to
verb	gutsirita	rub a long time, to (polish)
verb	gutsuna	refuse categorically
verb	gutsura	push, to
verb	gutubuka	thrive, to
verb	gutuka	insult, to
verb	gutuka	slander, to
verb	gutukana	abuse (verbal)
verb	gutukura	blush, to
verb	gutulika	blow up, to
verb	gutuma	cause, to
verb	gutumba	swell, to
verb	gutumbika {Ninitse amashuka.}	soak, to {I soaked the bed sheets.}
verb	gutumira {Ndabutumiye...} [Yarantumiye.]	invite, to {I invite you...} [He invited me.]
phrase	gutunaguza	insomnia, suffer from
verb	gutunga	1) rich, to be (to have many cows) 2) to furnish 3) to own
verb	gutunga {Atunze ihene.}	possess, to {He has the goats.}
verb	gutungana	right, to be
verb	gutungana {Haratunganye.}	suitable, to be {This place is suitable.}
verb	gutunganya	arrange
verb	gutunganya {Wabitunganyije.}	perfect, to {You are good at this work.}
verb	gutungura	1) to happen unexpectedly 2) to surprise
verb	gutura	1) to dwell 2) to inhabit 3) to put load down 4) to offer a gift
verb	gutura {Utuye he?} [Ntuye i Kibogora.]	live at, to {Where do you live?} [I live in Kibogora.]
verb	guturika	burst, to
verb	guturisha	quiet, to make
verb	guturisha, gutwama	silence, to
verb	guturuka, kuva	come from, to
verb	guturumbuka	suddenly, to appear
verb	gututuza, gututumuka	start to push

parts of speech	kinyarwanda	english
verb	gutuza	1) to be calm 2) to be gentle 3) to be peaceful 4) to be wise
phrase	gutwalira intandi	ambidextrous, to be
verb	gutwara {Ikamyo itwaye amatafali.}	carry, to {The truck transports the bricks.}
verb	gutwika	set fire, to
verb	gutwika, kwotsa (Uzitwika intoki) (Uziyotsa intoki.)	burn, to (You will burn your fingers.)
verb	gutwita	conceive an idea, to
verb	gutwita {Aratwite.}	pregnant {She is pregnant.}
verb	gutyara {Umupanga ntutyaye.}	sharp, to be {The machete is not sharp.}
verb	gutyaza {Watyajije umupanga.}	sharpen, to {Did you sharpen the machete?}
phrase	guweta	shoes, to wear
adv.	hafi	almost, near
adv.	hafi ya	aboard
adv.	hafi, nka	about (approximately)
interj.	Hagarara! or Buretse!	Stop!
phrase	Hagaruka, mushoboro.	Stand up, please.
n.	hagati	1) in the center 2) middle
prep.	hagati ya	between
prep.	hagati ya, mu, muri	among
prep.	hakurya	across (valley)
adv.	hambere	formerly
phrase	hamwe	the same place
phrase	hamwe na hamwe	at different places
adv.	hamwe, kumwe	together
adv.	hano (Irya n'ino.)	here (Here and there.)
adv.	hano, ino, aha	here
adj. & n.	hanyuma ya	inferior to
adv.	hanyuma, akisida	afterward
prep.	hanze	outside (of house)
phrase	Hanze y'icyumba.	Outside the room.
phrase	Hari...	There is...
phrase	Hariho...	Once upon a time there was...
phrase	hariya	over there
n.	hasi	1) bottom 2) ground 3) floor
adv.	hatinze, bitinze	later on
adv.	hato na hato	again and again
conj.	he, aho	where
n.	hejuru	1) top (on the top) 2) on high
adv.	hejuru (Hejuru y'idirishya.)	above, on top of (Above the window.)

146

parts of speech	kinyarwanda	english
prep.	**hejuru ya**	over
adv.	**hejuru, haruguru**	above
phrase	**Henga.**	minute., Just a
phrase	**hepfo**	lower down
adv. prep.	**hepfo, hepfo ya**	below
adj.	**hino**	side, on this
adv.	**hirya**	beyond
adv.	**hirya no hino**	1) to and fro 2) hither and yon
adv.	**hose, imihanda**	everywhere, throughout
interj.	**Hoshi!**	Off with you!
prep.	**i, ku, mu**	from, (time)
n.	**ibaba (pl. amababa)**	wing
n.	**ibagiro**	surgery
n.	**ibagiro (pl. amabagiro)**	butcher shop
phrase	**ibamba**	harsh person
n.	**ibanga (pl. amabanga)**	secret
n.	**ibara (pl. amabara)**	color
n.	**ibaraza**	1) staircase 2) census
n.	**ibendera (amabendera)**	flag
n.	**ibesani (pl. amabesani)**	basin (wash)
n.	**ibibembe**	leprosy
n.	**ibicurane**	cold in head
n.	**ibihe bizaza**	future
n.	**ibihe byashize**	past
n.	**ibihumbi bibiri**	two thousand
n.	**ibihumbi bibiri na magana atanu**	two thousand five hundred
n.	**ibijumba {Araronga ibijumba.}**	sweet potatoes {She washes the sweet potatoes.}
n.	**ibimyoli**	reluctance
n. med	**ibinagana**	scrotum
n.	**ibinika**	coffee pot
n.	**ibiro**	1) desk 2) dresser 3) office
n.	**ibirori**	celebration
n.	**ibiryo**	right
phrase	**Ibiryo ni byiza.**	The food is good.
n	**ibiryo, igaburo**	nourishment, food
n., med	**ibisazi**	rage
n.	**ibisi**	bus
n.	**ibitabo by'amafaranga**	account (finance)

parts of speech	kinyarwanda	english
n.	ibitaro (Ibitaro bya Kibogora bikora neza.)	hospital (Kibogora hospital has a good reputation.)
n.	ibitoro	petroleum
n.	ibitotsi	1) sleep 2) something in the eye
n.	ibumba	clay
adj. & n.	ibumoso	left
phrase	iburyo	right, on the
n.	ibuye (pl. amabuye)	1) pebble 2) stone
n.	ibyiringiro	hope
n.	ibyishimo	cheerfulness
n.	ibyishimo, ifuraha, ishimwe, umunezero	joy, gladness
n.	ibyo kurya bya ni joro	dinner (night)
n.	ibyo kurya by'isaa sita	dinner (noon)
n.	ibyumweru bibiri	two weeks
n.	icitegererezo	example
n.	icumbi (pl. amacumbi)	1) dormitory 2) guest room
n.	icumbi {Wabonye icumbi?}	lodging place {Did you find a room?}
n. & adj.	icumi	ten
n.	icumu (pl. amacumu)	spear
n.	icumweru	one week
n.	icunga (pl. amacunga)	orange (fruit)
n.	icupa (pl. amacupa), urusaro	bottle
n.	icyago (pl. ibyago)	1) accident 2) calamity
n.	icyaha	sin
adj.	icyami	1) kingly 2) royal
n.	icyari (pl. ibyari)	1) nest 2) cage
n.	icyaro (ibyaro), igiturage, umudugudu, ikirorero	village
n.	icyaro, komine	rural
n	icyayi	tea
adj.	icyenda	nine
n.	icyerekezo	1) direction 2) meaning
n.	icyete	license
n.	icyicaro (pl. ibyicaro)	seat
n.	icyiciro (pl. ibyiciro)	1) session 2) group (for work)
n.	icyiciro, igika	section
n.	icyifuzo (pl. ibyifuzo)	wish
n.	icyigisho (pl. ibyigisho)	teaching, {lesson}
adj.	icyigomeke	insubordinate
n.	icyilingiro	hope
phrase	icyimbo	opportune moment

parts of speech	kinyarwanda	english
phrase	icyitegerezo	sign of the cross
n.	icyitiliro, igihozo	lullaby
n.	icyome (pl. ibyome)	raft
n.	icyondo, urwondo	mud
n., adj	icyongereza (Uvuga icyongereza?)	English (Do you speak English?)
n.	icyorezo (pl. ibyorezo)	epidemic
n.	icyotezo	censer
n.	icyozero	disaster
n.	icyubahiro	1) esteem 2) respect
n.	icyubahiro, ishema	honor
n.	icyuma (pl. ibyuma)	1) tool (metal) 2) iron ore 3) car, automobile
n.	icyumba (pl. ibyumba) {Ngiye koza mu cyumba cyanjye.}	room (in house) {I am going to clean my room.
n.	icyumweru	week
n.	icyumweru gishize	week, last
n.	icyumweru gitaha	next week
n.	icyusa	1) hardness 2) severity
n.	icyuya	1) perspiration 2) sweat
n.	idagara, umuti (pl. imiti)	medication
n.	idakika, umunota	minute
n.	idali, iparafo	ceiling
n.	ideni	loan
n.	idirishya (pl. amadirishya)	window
n.	iduka (pl. amaduka), imangazini	1) shop 2) store
n.	ifaranga (pl. amafaranga)	franc
n.	ifarasi (pl. amafarasi)	horse
n.	ifeza	silver
n.	ifi (pl. amafi), isamaki	fish
n.	ifoto, ipica	photograph
n.	ifu	flour
n.	ifu	powder
n., med	ifuha	pancreas
n.	ifuku (pl. amafuku)	mole
n.	ifumbire	fertilizer
n.	ifunguro	meal
n.	ifuro	froth, foam
n.	ifuti (amafuti), ikosa	mistake
n.	ifuti, ikosa (pl. amakosa)	error
phrase	igaburo	part of food (ration)
n.	igaju	mahogany

parts of speech	kinyarwanda	english
n., med	iganga	polyuria
n.	igare (pl. amagare)	bicycle
n.	igazeti (pl. amagazeti)	gazette
n.	igi (pl. amagi)	egg
phrase	igicamunsi	day, late in the
n.	igice	chapter
n.	igice (pl. ibice)	division
n.	igice (pl. ibice), igika	part
n.	igice, agace	slice
n.	igice, igipande	piece
n.	igiciro	1) cost 2) worth
n.	igico (pl. ibico), urukubo	ambush
n.	igicu (pl. ibicu)	cloud
n.	igicucu	shadow, shade
n.	igicucu (pl. ibicucu)	1) foolish person 2) idiot
n.	igicuku	midnight
n.	igicuma (pl. ibicuma)	gourd
n.	igicunga-ndimu	grapefruit
n., med	igicuri	epilepsy
n., med	igifu	stomach
n.	igifungo (pl. ibifungo){Unterere igifungo kuli iyi shati.}	button {Sew a button on this shirt for me.}
n.	igihagararo, urugero	height
n.	igihaha (pl. ibihaha)	lung
adj.	igihamuke	shy
phrase	igihanga	space between the teeth
n.	igihangange, kavungamigeyo	giant
n.	igihaza (pl. ibihaza), umwungu	1) pumpkin 2) squash
n.	igihe	time, weather
n.	igihe (Mu gihe ubona byihutirwa, hamagara kuri iyi nomero.)	case (In case of emergency, call this number.)
n.	igiheko (pl. ibiheko)	charm
n.	igihembo	1) pay 2) salary 3) wages
adj.	igihembwe	quarter of year
n.	igihemu (pl. ibihemu)	dishonesty
phrase	igihendo	excessive price; exaggerated price
adj.	igihogo	brown
n., med	igihogogo	trachea
n.	igihoho	aggression
n.	igihombo	bankruptcy
n.	igihu	1) fog 2) haze

parts of speech	kinyarwanda	english
adj. & n.	igihumbi	thousand
n.	igihumbi na magana atanu	one thousand five hundred
adj.	igihunga	panic
n.	igihunyira (pl. ibihunyira)	owl
n.	igihuru (pl. ibihuru)	bush (thick)
n.	igikaju	sugar cane
n.	igikango	intimidation
n.	igikara	black (color)
n.	igikaravu, umukwaru	scratch
n.	igikoba, uruhu, umubiri	skin, pelt
n.	igikoma	porridge
n.	igikomangoma	prince
n.	igikombe (pl. ibikombe)	1) tin can 2) tin container 3) cup
n.	igikomere (pl. ibikomere)	wound, injury
n.	igikoni (pl. ibikoni)	kitchen
n., med	igikororwa	sputum (purulent)
n.	igikoroto (pl ibikoroto)	change (coins)
n.	igikorwa	vase for goat milk
phrase	igikufi	friend of opposite sex
adj.	igikuke	fearful
n., med	igikulilizo	stethoscope
n.	igikumwe	thumb or big toe
n.	igikundiro	sympathy
adj. & n.	igikuri (pl. ibikuri)	dwarf
n.	igikwerere	man (of middle age, robust)
n.	igipaho (pl. ibipaho), igiposhoro, igitiyo	spade
n.	igipfamatwi {Yapfuye amatwi.}	deaf person {He is deaf.}
n.	igipfundikizo	stopper (in bottle), cork
n.	igipfunsi	fist
n., med	igipfupfuli	ecchymosis
n.	igisaga (pl. ibisaga), ikirenga	excess, surplus
adj.	igisambo	thieving
phrase	igisate	piece of something broken
n.	igise	ardor
n.	igisebe (pl. ibisebe)	1) sore 2) wound 3) ulcer
n.	igiseke (pl. ibiseke)	basket (tall pointed)
n., med	igisekera	herpes
n.	igishanga	swamp, marsh
adj.	igishema, umuswa	incapable
n.	igishinja, izima	stubbornness

parts of speech	kinyarwanda	english
n.	igishishwa (pl. ibishishwa)	bark (tree)
phrase	igishitsi	tree, base of
n.	igishuhe (pl. ibishuhe)	duck
n.	igishuko (pl. ibishuko)	temptation
n.	igishushanyo (pl. ibishushanyo)	image
n.	igishyimbo (pl. ibishyimbo)	bean
n.	igishyitsi	earthquake
n.	igisiga (pl. ibisiga)	prey, bird of
phrase	igisigo	spirit, harmful
n.	igisikafu (pl. ibisikafu)	scarf
n.	igisimba (pl. ibisimba)	animal, ferocious
n.	igisobanuro (pl. ibisobanuro)	explanation
n.	igisu (pl. ibisu), icyuma, imbugita	knife
n.	igisubizo (pl. ibisubizo)	response, answer
n.	igisuguti (pl. ibisuguti)	cracker
n	igisukari	banana, red
n.	igisukari, isukari	sugar
n., med	igitabazi	1) colon 2) large bowel
n.	igitabo (pl. ibitabo)	book
n.	igitambaro (pl. ibitambaro)	rag
n.	igitambo	pure color
n.	igitanda (pl. ibitanda)	bed, mobile
n.	igitangaza (pl. ibitangaza)	1) miracle 2) wonder 3) amazing thing
adj.	igitaratara	radiant
n.	igitare (pl. ibitare)	rock
n.	igitebo (pl. ibitebo)	basket (deep, no lid)
phrase	igitego	one of exceptional beauty
n.	igitekerezo (pl. ibitekerezo)	1) narrative 2) idea 3) reflection 4) thought
n., med	igitende	testicular swelling
n.	igitero	assault
n.	igiti (pl. ibiti)	tree
n.	igitigili, imbaga, inteko, rubanda	crowd
n	igitoki (pl. ibitoki)	banana
n.	igitondo	morning
n., med	igitsi	achilles tendon
n.	igitsina cy'abantu	sex (gender)
adj. & n.	igitsina-gabo	male
n.	igitsina-gore	female
n., med	igituba, nkobwa	vulva
n., med	igituba, umunyu w'imboro	vagina

parts of speech	kinyarwanda	english
n.	igitugu (pl. ibitugu)	shoulder
n.	igitunguru (pl. ibitunguru)	onion
n.	igituntu	tuberculosis
n.	igituro, imva	funeral mound
n.	igitutsi	insult
n.	igitutsi, urubwa	slander
n.	igituza	chest (body)
n	igorofa	story (floor)
n.	igufa (pl. amagufa)	bone
n.	iguliro, isoko	market
n.	igunira	burlap
n.	igunira, isaho, umupfuka	sack, bag
n.	ihema	1) tarpaulin 2) tent
n.	ihembe (pl. amahembe)	horn (of animal)
n.	ihene	goat
n.	iherezo, impera	end
n.	iherezo, umupaka	limit
n.	iheruka {Ubwo duherukana wali urwaye.}	end {The last time we saw you, you were ill.}
n.	ihiniro, ingingo	joint (anatomy), articulation
n.	ihirwe, amahirwe	fortune, luck
n.	ihoro	tollbooth
n.	ihoro, ikiguzi (pl. ibiguzi)	fare, price
n.	ihuguriro	workshop
n.	ihundo (pl. amahundo)	ear (of sorghum)
n.	ihuriro	1) crossroads 2) meeting place
n.	ihwa (pl. amahwa)	thorn
n.	ijambo (pl. amagambo)	word
adj. & n.	ijana	hundred (one hundred)
n.	ijanja, urushyi	palm of hand
n.	ijeli (pl. amajeli)	cicada
n.	ijisho (pl. amaso)	eye (pl. eyes)
n.	ijogomo (pl. amajogomo)	hare
n.	ijoro (pl. amajoro)	night
n.	ijosi (pl. amajosi)	neck (pl. necks)
n.	ijuru (Imana yigenza.)	heaven (It is a stroke of good fortune.)
n.	ijwi	1) sound 2) voice
n.	ijwi rirenga	voice, loud
n.	ikahwa (pl. amakahwa)	coffee tree
n.	ikaliso	boxer shorts (or slip)
n.	ikamba (pl. amakamba)	crown

parts of speech	kinyarwanda	english
n.	ikamyo	truck
n.	ikanisa (pl. amakanisa)	branch
n.	ikanya (pl. amakanya)	fork
n.	ikanzu (pl. amakanzu), ikizibaho	robe, dress
phrase	ikaputu	young girl who does not go to school much
n.	ikara	1) charcoal 2) embers
n.	ikaragiro	dairy
n.	ikaramu (pl. amakaramu)	pencil
n.	ikarasi	class
phrase	ikaratasi	sheet of paper
n.	ikaroti (pl. amakaroti) {Kata amakaroti.}	carrot {Cut the carrots.}
n.	ikarta	card, menu, map
n.	ikawa (pl. amakawa)	coffee
n.	ikayi	notebook
n.	ikengeli (pl. amakengeli)	bell
pronoun	iki (Umva iki.)	this (Listen to this.)
phrase	iki cyumweru	this week
phrase	Iki n'iki?	What is this?
adj.	iki, iyi, uyu, uru, aka (Iriya mokoka.)	that (That car.)
n.	ikibabi (pl. ibibabi)	leaf
n.	ikibaliro	deadline
n.	ikibambazi	wall (exterior)
n	ikibanza, imusozi	land
n.	ikibaya	plain (near river)
n.	ikibazo?	problem?
n.	ikibero (pl. ibibero)	thigh
n.	ikibindi (pl. ibibindi)	1) water pot 2) pitcher
n.	ikibiriti	matches, box of
n.	ikibiriti (Ufite ikibiriti?)	match (Do you have a match?)
n	ikiboko (pl. ibiboko), umukoba	whip
n.	ikibuga	playground
n.	ikibyimba (pl. ibibyimba)	1) abscess 2) tumor 3) boil
n.	ikidasesa	mat, grass woven
n.	ikidedemange	stutters, person who
n.	ikidendezi (pl. ibidendezi)	dam
n.	ikidongi (pl. ibidongi)	reel
n.	ikigande (pl. ibigande)	insurgent
n.	ikiganiro (pl. ibiganiro)	1) dialogue 2) talk 3) conversation
n.	ikiganza (pl. ibiganza)	hand
n.	ikigata	rolled cigarette

parts of speech	kinyarwanda	english
n.	ikigega (pl. ibigega)	attic
n.	ikigereranyo	comparison
phrase	ikigero cyose	ages, all
n.	ikigirwamana	idol
adj.	ikigize cya nkana	intentional
n.	ikigohe (pl. ibigohe)	1) eyelid 2) eyebrow
n.	ikigori (pl. ibigori)	maize, corn
n.	ikigunda (pl. ibigunda)	bush
n.	ikiguzi (pl. ibiguzi)	cost
adj.	ikigwali, umunebwe	lazy
n.	ikijigu	tooth, broken
n.	ikijojome	obese person
n.	ikijumba (pl. ibijumba)	potato, sweet
n.	ikikiro	kilogram
n.	ikimatali (pl. ibimatali)	flat object
n.	ikimenyetso (pl, ibimenyetso)	sign
adj. & n.	ikimuga (pl. ibimuga)	1) invalid 2) infirm person
n.	ikimuga, ikirema	cripple
n.	ikimwaro	shame
n.	ikinago (pl. ibinago)	bundle
n.	ikinamba (pl. ibinamba)	pond
n.	ikinini (pl. ibinini)	1) tablet 2) pill {medication}
pronoun	ikintu cyose	anything (something)
n.	ikinwa, ururimi	tongue
n.	ikinya (pl. ibinya)	cramp
n.	ikinyabupfura	politeness
n.	ikinyajana	century
n.	ikinyamaga	toad
n.	ikinyamateka	journal
phrase	ikinyamunoko	click of the tongue (noise made when one wants to show emphasis)
n.	ikinyandaro	unwed mother
phrase	ikinyigishi	teeth, lacking
n.	ikinyobwa (pl. ibinyobwa)	drink
n.	ikinyoma	lie, falsehood
n.	ikinyomoro (pl. ibinyomoro)	tree tomato
n.	ikirago	mat
adj.	ikirahu	impulsive
n.	ikirahuri (pl. ibirahuri){Ikirahuli kiramenetse.}	glass {A glass was broken.}
adj.	ikirangirire	famous

155

parts of speech	kinyarwanda	english
n.	ikirato (pl. ibirato)	shoe
n.	ikirayi (pl. ibirayi)	potato, white
n., med	ikireberebe	testicle
n.	ikirego (pl. ibirego), ishinja	1) accusation 2) charge
n.	ikiremu (pl. ibiremu)	patch
n.	ikirengazuba	sunset
n.	ikirenge (pl. ibirenge)	foot
n.	ikirere	region, area (locality)
n.	ikirere {Ijuru lirakeye.}	sky {The sky is clear.}
n	ikirere, umwanya	space
n.	ikiringiti (pl. ibiringiti) {ubulingiti}	blanket
phrase	ikirondwe	tick (full of blood)
n.	ikirozi	aversion
n.	ikiruhuko	respite
n.	ikirumba	lair
n.	ikirundo	1) heap 2) mound
n	ikirunga (pl. ibirunga)	volcano
n. med	ikirungurira	esophageal reflux
n.	ikiruruma	torrent
n., med	ikirusu	epigastric hernia
n.	ikirwa (pl. ibirwa)	island
n.	ikirwanisho, intwaro	weapon
n. med	ikiryaro	hematuria
n.	ikivuguto	1) clabbered milk 2) yogurt milk
n.	ikivungu, ubuvungukira	crumb
n.	ikiyaga (pl. ibiyaga), inyanja	lake
n.	ikiyege (pl. ibiyege)	mushroom (not edible)
n.	ikiyiko (pl. ibiyiko)	spoon
n.	ikiyobyabwenge	drug (narcotic)
n.	ikizami (pl. ibizami)	1) examination 2) test
n.	ikizunga (pl. ibizunga)	pool
n.	ikizigira (pl. ibizigira)	humerus
phrase	ikofe	punch
phrase	ikorere	great tragedy
n.	ikoti (pl. amakoti)	1) cloak 2) coat 3) jacket
n.	ikuru, histwari	history
n.	ikutu, impagati	rust
phrase	Ili jambo livuga iki?	word mean?, What does this
n.	ilimbi (pl. amalimbi)	cemetery
n.	ilindazi (pl. amandazi)	donut

156

parts of speech	kinyarwanda	english
phrase	ilindi	one more time
n.	ilinono (pl. amanono)	tooth
phrase	ilya	mealtime
n.	Imana	God
n.	imari	treasury
n.	imashini	machine
n.	imbabazi	1) mercy 2) pardon 3) forgiveness
n.	imbago, urubibi	limit, boundary
phrase	imbara	since the time that
n.	imbaraga	1) energy 2) strength 3) power
n.	imbaraga {Afite imbaraga nyinshi.}	strength {He has a lot of strength.}
n.	imbaragasa	flea
n.	imbata	slave
n.	imbeba	1) mouse 2) rat
n.	imbehe	bowl (wood)
n.	imbere	1) inside 2) in front of
adv.	imbere {Igiza imodoka imbere gato.}	ahead {Move the car forward a little.}
n.	imbimbura	hero
n.	imbogamizi	1) disgust 2) obstacle
n.	imbogo	buffalo
n.	imbohe	prisoner
n., med	imboni	pupil, (eye)
n.	imboro	penis
n.	imbunda	gun
n.	imbundo	infinitive
adj.	imburuburu	greedy
n., med	imburugu	syphilis
n.	imbuto	1) fruit 2) plant 3) seed
n.	imbwa	coward
n.	imbyiro	soot
adj.	imena	principal (important)
phrase	imfashanyo	aid, financial
n.	imfubyi, impfubyi	orphan
n.	imfura	manners, person of good
n.	imfuruka	corner
n.	imhumu	breathlessness
n.	imhundu	chimpanzee
n.	imibare	math
n.	imibereho	curriculum vitae
n.	imibereho, ubugingo	existence

parts of speech	kinyarwanda	english
n.	imibuga	battlefield
phrase	imigenzereze	actions (habitual)
phrase	imihanda	different places, in
n.	imihumbi bitanu	five thousand
adj.	iminsi yose	everyday
n.	iminsi y'imibyizi	weekday
n., med	imisozi	elephantiasis of legs
n.	imisumbi	groin
n.	imisusire	appearance
n.	imitegekere	administration
n.	imiterere, imimerere, amatwara	attitudes
n.	impagarara	terror
n.	impaka {Twagiye impaka, ndamutsinda.}	dispute {We had a dispute, I convinced him of his error.}
n.	impaka, amakimbirane	argument (dispute)
n.	impali	discussion
phrase	impamba	food for journey
n.	impamvu	1) cause 2) purpose 3) reason
n.	impamyabushobozi	diploma
adj. & n.	impanga	twin
n.	impano, impongano	gift
n.	impano, inkurakirago	present (gift)
n.	impanuka, gisida, irango, ishyano (Yakoze impanuka y'imodoka.)	accident (He had an automobile accident.)
n.	imparage	zebra
n.	imperekeza	best man
n.	imperuka	end
n.	impeta	ring
n.	impfundo, ipfundo	knot
n.	impinga	peak, mountain
n., med	impishwa	trichomonas vaginalis
n.	impongo	antelope, small
n.	impuguke	technique
n.	impuha	rumor
n.	impuhwe	1) pity 2) sympathy
n	impumyi	blind person
phrase	impundu	1) cry of acclamation 2) shout of joy
n.	impunzi	refugee
phrase	impurabunwa	talkative person
n., med	impyiko	kidney
n.	imva	grave

parts of speech	kinyarwanda	english
n.	imvubu	hippopotamus
phrase	Imvuga ikinyarwanda gike.	I speak a little Kinyarwanda.
n.	imvune	fracture
n.	imvura {Nakererejwe nuko imvura yaguye.}	rain {I am late because of the rain.}
n.	imvururu	1) disorder 2) riot
n.	imyaka (Ufite imyaka ingahe?)	age (How old are you?)
n.	imyifatire, imyitwarire	behaviour
n.	imyizerere, inyigisho	beliefs (confidence)
phrase	Inama y'ubuyobozi	Board of Directors
n.	inama, impanuro	council, advice
n.	inanasi	pineapple
n.	incabali	rags
n.	incabiti, interezo	ax
n.	incungu	ransom
n.	inda	1) abdomen 2) pregnancy 3) louse
n.	indabyo {Washyize idabo mu mazi?}	flower {Did you put the flowers in water?}
n.	indagu	omen
phrase	indahemuka	faithful person
n.	indahiro	oath
adj.	indakemwa	perfect
adj.	indanduzi	talkative
adj.	indangare	absent-minded
n.	indaya	prostitute
n.	indembe	dying person
n.	indimu	lemon
n.	indiri	cottage
n.	indirimbo	1) hymn 2) song
n.	indobo	1) bucket 2) pail
n.	indogobe	donkey
n.	indorerwamo	mirror
n.	induru	cry of alarm
n., med	indurwe	bile
n.	indwara	illness, disease, sickness, malady
n., med	indwara y'umurjima	cirrhosis
n., med	indwara y'umutima	cardiomyopathy
n., med	indwara y'unkundo	hysterical
adj.	indyarya	hypocritical
n.	inege	whirlpool
n.	inema, ubuntu	grace
phrase	inenge	physical deformity

parts of speech	kinyarwanda	english
n.	ingabo	army
n.	ingabo, inkinzo	shield
n.	ingagi, ikigame	gorilla
adj.	ingambarazi	disobedient
n.	ingamiya	camel
n.	ingando	1) camp 2) temporary shelter
adj. & n.	ingaragu	1) single (single woman) 2) young person
adj.	ingarame	poverty-stricken
n.	ingaruka (Nta ngaruka.)	1) effect 2) consequence (without repercussions)
n.	ingashya, inzaru	oar
n.	ingasire	knee cap
phrase	ingata	grass ring used to carry load
n.	ingegera, umujura	thief
n.	ingemu	fee paid to witch doctor
n.	ingenzi	valuable
n.	ingeragere	gazelle
n.	ingese {Idilishya lyatoye ingese.}	rust {The window is rusty.}
n.	ingeso	1) habit 2) trait
n.	ingimbi	adolescent boy
n.	ingisha	charm
n.	ingoboka	1) circumstance 2) unexpected help
n.	ingobyi	1) hammock 2) stretcher
n., med	ingobyi	placenta
phrase	ingobyi	skin for carrying baby
n.	ingofero	hat
n.	ingoma	drum
n.	ingoma	reign
adj.	ingombwa	essential
n.	ingona	crocodile
n	ingorane	difficulty
n	ingoyi	bonds
n.	inguge	ape
n.	ingurube	1) pig 2) pork 3) hog
adj.	ingutu	robust
n.	ingwa	chalk
n.	ingwa	lime (substance)
n.	ingwe	leopard
n.	injangwe	cat
phrase	injati	good-for-nothing
n.	injiji	ignoramus

160

parts of speech	kinyarwanda	english
n.	inka {Ngiye kwahura inka.}	cow { I am going to lead the cows to graze. }
verb	inkabali	provocation
n	inkangara	basket (made of bamboo)
n.	inkangu	crumbling
n., med	inkanka	larynx
n.	inkatu	sling
phrase	inkehane	insufficient quantity
n.	inkeke	worry
n.	inkeli	frog
n.	inkende	monkey
phrase	inkesha	pleasure to see, a
n.	inkingi, urwego	guardian
n.	inkintu (akantu)	thing (nothing much)
n., med	inkobore	blepharitis
n.	inkoko	1) chicken 2) fowl
n.	inkokokazi	hen
n.	inkokora	elbow
n.	inkomanga	psychological problems
n.	inkombe	coast (of river)
n.	inkomere	injured person
n.	inkomoko	1) inception 2) origin
n.	inkomyi	1) hinderance 2) obstacle
n.	inkongoro	1) jar (container/shock) 2) milk pot 3) vulture
n.	inkoni	walking stick
n.	inkono	pot (clay)
n.	inkono y'itabi	pipe (tobacco)
phrase	inkorakozi	meddler
phrase	inkoramutima	friend, close
n.	inkorora	cough
n.	inkota	sword
n.	inkovu	scar
n.	inkuba	thunder
n.	inkubito	speed
phrase	inkubwe	number of folds in an object
adj.	inkugusi	greedy
n.	inkuka	beach
phrase	inkuma	1) intense thirst 2) insatiable
n.	inkumi (pl. amakumi)	1) young lady (unmarried) 2) teenage girl
phrase	inkungu	animal without horns

parts of speech	kinyarwanda	english
n.	inkura	rhinoceros
n.	inkuru	fame
n.	inkwano	dowry
n.	inkware	partridge
n.	inkweto	1) sandal 2) shoe
n.	ino	vicinity
n.	ino (pl. amano)	toe
n.	Inoheli (Inoweli) {Umunsi mwiza wa Noheli.}	Christmas {Merry Christmas}
n.	inola ibyara	vagina
n.	insambanyi	debauchery
n.	inshinga	1) constitution 2) verb
n.	inshoberamahanga	idiom
n.	inshunda	fringe
n.	inshuro, urugero	measurement
phrase	inshuti wanjye	my friend
n.	inshuti, mugenzi	friend
n.	inshyimbo	club (stick)
n.	inshyushyu	drinking milk
adj.	intabera	impartial
adj.	intabura	crafty
n.	intama	sheep
n.	intambara	1) battle 2) strife 3) war
n.	intambwe	pace
n., med	intananya	cord of the tongue
n.	intangamugabo	proof
adj.	intanyurwa	insatiable
n.	intare	lion
n.	intashyo, hobe	greetings
n.	intebe	chair
n	intege	strength, force
n.	intego	target
phrase	inteko inshinga amategeko	parliament
n.	intera, umuranya	distance
n.	intere	1) unconscious 2) half-dead
n.	interuro	phrase
adj.	intibwiri	thoughtless
phrase	intoboro	hole, small
n	intonga	basket, large
n.	intore	dancer
n	intumwa	messenger

parts of speech	kinyarwanda	english
n.	inturo, inyubakwa	dwelling place, house
n.	inturuko, intangiliro	beginning
adj.	intwali	brave
n.	intwiga	giraffe
n.	inuma	1) dove 2) pigeon
n. adv.	inusu	half
adj.	inyalyenge	cunning
n.	inyama	meat
phrase	inyamaswa	1) wild animal 2) wild game
n.	inyambarabaja	clothes (worn by the poor)
n.	inyamumyu	plantains
n.	inyana	calf
n.	inyanduruko	pattern
phrase	inyangamugayo	blameless person
n.	inyanja	1) ocean 2) sea
phrase	inyeli	jet of saliva from between the teeth
n.	inyema	albinos
n.	inyenyeri	star
n.	inyenzi	cockroach
n.	inyonga	hip joint
n.	inyoni {Inyoni zirubaka ibyali.}	bird (small) {Birds make their nests.}
n.	inyota	thirst
n.	inyubako	building (construction)
n.	inyuguti	letter (of alphabet)
n	inyuma	1) at the back 2) behind
adv, n.	inyuma {Igiza imodoka inyuma gato.}	behind {Back up the car a little.}
adv.	inyuma, hanyuma	after
n.	inyundo	hammer
n.	inzabaga	rags
adj.	inzaduka	recent
n.	inzara	1) famine 2) hunger
n.	inzaru, ingashyi	paddle
n.	inzika	resentment
n.	inzika, ububihe	bitterness
n.	inzikira	resentment, grudge
n.	inzimuzi	indiscrete person
n.	inzira	1) street 2) path
n.	inzira y'ubusamu	1) way (shortcut)
n.	inzira, uburyo (Iyi nzira ijya i Kibogora.)	way (road) (This way leads to Kibogora.)
n.	inziza	kindness

parts of speech	kinyarwanda	english
n.	inzoga, ibyeri	beer
n.	inzoka	1) snake 2) worm (ascaris)
phrase	inzora	moon, full
n.	inzovu	elephant
n.	inzozi	dream
n.	inzu (pl. amazu)	house (traditional)
n.	inzu y'isomero	library
n.	ipamba (pl. amapamba)	cotton
n.	ipantalo, ipataro (pl. amapataro)	pants
n.	ipasi, iferu	iron (for clothes)
n.	ipasika {Paskika nziza.}	Easter {Happy Easter.}
n.	ipata	hinge
n.	ipesa (pl. amapesa)	button
phrase	ipfa	curiosity, strong
adv.	ipikipiki	motorcycle
n.	ipingo (pl. amapingo)	handcuffs
n.	ipiripiri	pepper
n.	ipishi	card, index
n.	iposita	1) post office 2) post (mail)
n.	iradiyo	radio
n.	irangi	paint
n.	irari	1) lust 2) strong desire
n.	irembo (pl. amarembo)	gate
n.	ireme, uburemere	weight
n.	iriba	well (water)
n., med	iromba	umbilical hernia
prep.	iruhande	beside
n.	irumbo	swarm
n., med	irungu	kwashiorkor
n.	iryinya {Ndwaye amenyo.}	tooth {I have a toothache.}
n.	iryoya (pl. amoya)	feather
phrase	isaba	marriage proposal
phrase	Isabukuru nziza y'amavuko.	Happy birthday.
n.	isabune	soap
n.	isafuriya	pan, cooking
phrase	isagu	surplus put aside
n.	isaha (pl. amasaha)	1) watch 2) clock 3) hour
n.	isahani (pl. amasahani)	1) dish 2) plate
n.	isake	rooster, cock (fowl)
n.	isambaza, injanga	little fish

164

parts of speech	kinyarwanda	english
n.	isambu (pl. amasambu)	field
n.	isambu (pl. amasambu)	property
n.	isanduku (pl. amasanduku)	chest (crate)
n.	isanduku yo gushyinguramo	coffin
n., med	isapfu	diaphragm
n.	isaro (pl. amasaro)	bead, glass
n.	isarumara	carpentry
n.	isasa	tile (floor)
n.	isazi (pl. amasazi)	1) fly 2) adenoids
n., med	ise	psoriasis
n.	isenga (pl. amasenga)	1) cave 2) den
n.	isengesho	prayer
n.	isepfu	hiccup
n.	isereli	vertigo
n., med	iseseme	nausea
n., med	iseta	operating room
n.	isezerano (pl. amasezerano)	1) alliance 2) promise
n.	Isezerano Rishya	New Testament
n.	Isezerano Rya Kera	Old Testament
n.	ishami (pl. amashami)	branch
n.	ishapule	rosary
n.	ishati (pl. amashati), isimizi	shirt
n.	ishavu	irritation
n.	ishaza (pl. amashaza)	pea
n.	ishema	1) majesty 2) pride
n.	ishengero	crowd of followers
n.	ishimwe	praise
n.	ishindiliya	bra
n.	ishuheri	windstorm
n.	ishuka (pl. amashuka)	sheet
n.	ishuri (pl. amashuri)	school
n.	ishuri ribanza	school, primary
n.	ishuri rikuru	school, university
n.	ishuri ryisumbuye	school, secondary
n.	ishuri ry'ingoboka	school, before primary
n.	ishusho	1) likeness 2) picture 3) portrait 4) shape or form
n.	Ishusho (Gushaka gushushanya.)	allusion (To allude to.)
n.	ishya	herd
n.	ishya n'ihirwe	prosperity
n.	ishyaka	1) liveliness 2) political party

parts of speech	kinyarwanda	english
n.	ishyamba	1) forest 2) jungle
n.	ishyamba (pl. amashyamba)	1) bush, the (uninhabited) 2) plantation
n	ishyanga	1) nation 2) race (people)
n.	ishyano (pl. amahano)	1) event 2) extraordinary beauty
n.	ishyari {Yagize ishyali.}	jealousy {He was jealous.}
n.	ishyengo (pl. amashyengo)	joke
n.	ishyo, umukumbi	cattle
n.	ishyorongi, urushyungute	whistle
n.	isi	world
n.	isi, igitaka	earth
n.	isima {Araponda sima.}	cement {He is preparing the cement.}
n.	isimbi	snow
n.	isitimu	flashlight
n.	isogisi (pl. amasogisi)	sock
n., med	isohoro	iliopsoas
n	isoko	1) spring (of water) 2) fountain
n.	isoni	bashfulness
n.	isoni {Aliko ushira isoni!}	shame {You are disrespectful!}
n.	isuka (pl. amasuka)	hoe
n.	isukari	glucose
n.	isuku	cleanliness
n.	isuku nkeya	malnutrition
n.	isume, itahuro	hand towel
n.	isumo (pl. amasumo)	waterfall
n.	isupu	soup
n.	isuri	erosion
n.	isusumira, umushitsi (pl. imishitsi)	chills (tremors)
n.	itabi	tobacco
n.	itaburwya	apron
n.	itafari {Nimupakurure amatafali.}	brick {Unload the bricks.}
n.	itaka	earth (ground)
n.	itako (pl. amatako)	buttock
n.	itama (pl. amatama)	cheek
n.	itangazo (pl. amatangazo)	notice
n.	itangiriro, mbere na mbere	beginning
n.	itara (pl. amatara), itabaza	lamp
n.	itariki	date (in month)
n.	itegeko (pl. amategeko)	1) command 2) rule 3) law
n.	itegura {Tuzasakaza amategura.}	tile (roof) {We are covering with tiles.}
adv.	iteka, buzima	always

166

parts of speech	kinyarwanda	english
adv.	iteka, jo	all the time
n.	itembura	postage stamp
n.	iteme	gutter
n.	iteraniro	1) meeting 2) a get together
n.	iteraniro, ikoraniro	gathering
n.	itima	jealousy
phrase	itisinda	colony of bees
n.	itiyo, umuheha	pipe (hose)
n.	itora (pl. amatora)	election
phrase	itorero	group of cadets
n.	itumba	rainy season (March to May)
n.	itungurusumu	garlic
n.	ituro (pl. amaturo)	1) offering 2) offering of homage
n.	ituza	meek
n	ivi {pl. amavi}	knee
n.	ivu	ashes
n.	ivuka	birth
n.	ivuriro	health center
n.	ivutu	gluttony
n.	iyungu	1) gain 2) income 3) profit
n.	izahabu	gold
n.	iziko	fireplace
n.	izina	name
n.	izuba	sun
n.	izuru (amazuru)	1) nose 2) nostril
pronoun	jye, jyewe	I, me
adj.	jyenyine	I alone
n. & adj.	kabiri	1) two 2) twice
adv.	kabisa, rwose, pe	absolutely
n.	kagoma	eagle
n.	kalendari	calendar
phrase	Kalibu!	Come in!
n.	Kamena, ukwezi kwa gatandatu	June
n.	kamere	nature
n.	Kanama, ukwezi kwa munani	August
adv.	kandi, byongeye kandi	furthermore
adv.	kandi, ndetse	also, again
adj. & n.	kane, -ne, enye	four
phrase	Kangahe?	1) How many times? 2) How often?
n.	kanseri	cancer

parts of speech	kinyarwanda	english
adv.	kare	early
phrase	kare, ku gihe	time, on
adj.	katambwa	harsh person
phrase	kavukire	place of origin
adv.	kenshi {Akazi kambanye kenshi.}	often {I am buried in work.}
adv.	kera	1) long ago 2) long time ago
conj.	kereka, keretse, uretse	except
n.	kibaliko	hopscotch
n., med	kiboze	infection
phrase	kidakoreka	stubborn person
adj.	kigufi, gito (Yagombye kugenda mu gihe gito.)	brief (He had to leave on short notice.)
n., med	kimputu	recurrent fever
phrase	kimwe	same thing
adj & pr	kimwe, hamwe	same
phrase	Kira.	Bless you.
n.	kirogoya	wicked person
n.	kirusha ibindi	most
adv.	ko, uko, nk'uko, nka	as
verb	koga	wash, (feet)
verb	koga (Marty yigishije murumuna we koga.)	swim, to (Marty taught his sister how to swim.)
verb	kogeza	1) to try 2) to put to the test
verb	kohereza {Wohereje ibitabo?}	send, to {Did you send the books?}
phrase	Komera!	Be strong!
verb	komongana	stray, to
verb	kongera	do over, to
verb	kongorera	whisper, to
verb	konka	1) nurse, to (suckle) 2) to suck
phrase	konkorora	wean prematurely, to (infant)
verb	konona	spoil, to
verb	konona, kwangiza	damage, to
verb	Konsa {Yagiye konsa umwana.}	breast-feed {She breast-fed her child.}
verb	koroha	1) to be easy 2) to be soft
verb	koroherwa	better (after illness) to be; to be improved physically
verb	korora	raise animals, to
verb	koshya	tempt, to
phrase	kotsa	cure pottery, to
verb	kotsa	roast, to
n.	Kristo	Christ

168

parts of speech	kinyarwanda	english
prep.	ku	on
phrase	ku bitaro	at the hospital
adv.	Ku buryo bwizewe.	Certainly.
adj.	ku busa, ubusa	vain, in
n.	ku cyumweru	Sunday
n., med	ku ijose	cervical spine
n.	ku manywa	noon
conj.	ku mpamva za, kubwa, kubera	because of
adv.	ku mugaragaro	1) openly 2) publicly
prep.	ku ruhande rwa	along
n.	ku wa gatandatu	Saturday
n.	ku wa gatanu	Friday
n.	ku wa gatatu	Wednesday
n.	ku wa kabiri	Tuesday
n.	ku wa kane	Thursday
n.	ku wa mbere	Monday
prep.	ku, i, kuri, kwa	at
prep.	ku, mu, i (Ngiye i Kigali.) {Ari mu bubiko.}	to (I am going to Kibogora.) {He is in the store.}
verb	kuba	exist, to
verb	kuba indyarya	hypocrite, to be
verb	kuba maso	alert, to be
verb	kuba mu maraso	have menstruation
phrase	kuba mu mugongo	1) to have menstruation 2) to have a period
verb	kuba muli rwinshi	preoccupied, to be
adj.	kuba witeguye	ready, to be
verb	kuba, -ri, kumera	be, to
verb	kubabara	sore, to be
phrase	kubabara ikintu	urgent need for something, to have an
verb	kubabara, kugira ishavu	sad, to be
phrase	kubabarira	pity, to have pity for
verb	kubabarira {Tubabalirane.}	pardon, to {Pardon us.}
verb	kubabaza	pain, to cause; to cause grief
verb	kubaduka	get up quickly, to
verb	kubaga	1) to operate (medical) 2) to skin an animal
verb	kubagara {Turabagara ibishyimbo.}	weed, to {We weed the beans.}
verb	kubaha {Yubaha abasaza.}	respect, to {He respects the elderly.}
verb	kubaho	live to
verb	kubahuka	disrespect, to
verb	kubaka {Wubatse urugo rwiza.}	lift something quickly, to; build {You built a nice home.}

parts of speech	kinyarwanda	english
verb	kubalira	mend, to
verb	kubama	bend over, to
verb	kubamba	crucify, to
verb	kubanda	adhere, to
verb	kubangama	embarrass
verb	kubangikanya, gukomatanya	place side by side, to
verb	kubanguka	hurry, to
adv.	kubanza	first, to do
verb	kubanza {Banza utegure ameza.}	begin by, to {Begin by setting the table.}
verb	kubanziriza	precede, to
verb	kubara {Bara amafaranga.}	count, to {Count the money.}
verb	kubasha	1) to be able 2) to have power
verb	kubatiza	baptize, to
verb	kubaza	1) to ask (question) 2) to find out
verb	kubaza {Abaza ameza.}	make, to {He makes tables.}
verb	kubaza {Nzamubaza.}	interrogate, to {I am going to ask him the question.}
verb	kubengerana	sparkle, to
verb	kuberereka	1) to move aside 2) to permit passage
verb	kubeshya {Arabeshya.}	1) to lie 2) to tell a lie {He lies.}
verb	kubeshyabeshya	tell small lies, to
verb	kubeshyera {Urambeshyeye.}	insult, to {You insult me.}
verb	kubiba	sow, to
verb	kubiha	1) to be bitter 2) to be sour
phrase	kubika	1) to guard a secret 2) to crow 3) to economize 4) to preserve 5) to save
verb	kubika amaso	look down, to
verb	kubika inda	lay face down, to
verb	kubika {Ubika ibikombe.}	turn upside down, to {Turn the glasses upside down.}
phrase	kubingiriza	mumps, to have
verb	kubira	perspire, to heavily
verb	kubira icyuya	sweat, to
verb	kubira {Amazi yabize?}	boil, to {Is the water boiling?}
verb	kubirindura	go back, to
verb	kubisikanya	cross,to
verb	kuboba	fear, to have
verb	kubobera	moisten, to
verb	kuboha	1) to bind 2) to braid 3) to tie
verb	kuboha {Yaboshye umupira.}	knit, to {She knitted a sweater.}
verb	kubohekana	tangled up, to get

170

parts of speech	kinyarwanda	english
verb	kubona {Nazibonye.}	1) to obtain 2) to find {I found them.}
verb	kuboneka	recovered, to be
verb	kuboneka {Habonetse.}	1) to be recovered 2) to appear {He appeared in the market.}
verb	kuboneza	1) aim to be fair 2) to make pure
verb	kuboroga	yell (pain, sorrow), to howl
verb	kubumba	clay, to work with
verb	kubumba amatafari	bricks, to make
verb	kubumbira	meet somewhere, to
verb	kubumbuka	open up, to
verb	kubura	unable to find
verb	kubura umutima	foolish, to be
verb	kubura {Nabuze uko ndifungura.}	lack, to {I do not know how to open it.}
verb	kubura {Nazibuze.}	not to find, fail to find {I did not find them.}
verb	kuburana	plead, to (court)
verb	kuburana	trial, to be in (to make claim)
verb	kuburana {Tuzaburana.}	trial, to be in (subject) {We are going to trial.}
verb	kuburira {Ndakubuliye.}	warn, to {I warn you.}
verb	kubuza	1) to prevent 2) to prohibit 3) to put an end to
adv.	kubwa	1) according to 2) for the sake of
verb	kubwakara	impoverished, to become
verb	kubwira {Nabibwiwe na Zoey.}	tell, to {I was not informed by Zoey.}
verb	kubwiriza	1) to advise 2) to preach
verb	kubyara {Abyaye vuba.}	birth, to give {She gave birth recently.}
verb	kubyibuha	1) to be fat 2) to be stout 3) to gain weight
verb	kubyiga, kwegeka	tighten, to
verb	kubyimba {Harabyimbye.}	swell, to {It is swollen.}
verb	kubyimbagana	swollen to be
verb	kubyimbura	deflate
verb	kubyina {Bazi kubyina pe.}	dance, to {They know how to dance very well.}
verb	kubyuka	1) rise (from lying position) 2) to get up 3) to arise
verb	kubyutsa	get up out of bed, to
verb	kudamarara	live in affluence
verb	kudedemanga	1) to babble 2) to speak indistinctly 3) to stutter
verb	kudindiza	hinder progress, to
verb	kudobera	impasse, to be at an

parts of speech	kinyarwanda	english
verb	kudoda	sew, to
verb	kudugarara	anxious, to be
verb	kudwinga	sting, to
verb	kugabagabanya	share with others, to
verb	kugabanuka	reduce, to; diminish, to
verb	kugabanya	1) to divide 2) to shrink
verb	kugadika	exhaust, to
verb	kugaga	spoil, to (food)
verb	kugama	comfortable life, to lead
verb	kugamba	hard, to make
verb	kugambirira, guteganya	plan, to
verb	kugana	bitter taste, to have
verb	kuganira	1) to chat 2) to converse with 3) to recoil in fear
verb	kuganya, kubabara	mourn, to
verb	kuganyira	moan continually, to; to complain continually
verb	kuganza	1) to conquer 2) to dominate 3) to vanquish
verb	kugaragara	1) to be visible 2) to make clear 3) to make visible
verb	kugaramba	refuse to obey
verb	kugaruka {Uragarutse?}	return, to {Have you returned?}
verb	kugarukira {Ndagarukira i Kabgayi.}	finish at a certain place, to {I go as far as Kabgayi, not any further.}
verb	kugaya	1) to scorn 2) to despise 3) to underestimate
verb	kugena igihe	set a time, to
verb	kugenda (no place noted)	go, to
phrase	kugenda gusa	nothing, to go with
phrase	Kugenda ugiye.	Leave for good.
verb	kugenda {Nzagenda ku maguru.}	walk, to {I will go on foot.}
phrase	kugendana, kujyana	go with, to
verb	kugendana, kujyana na (Bajyanye nawe kwa muganga.)	accompany, to (They took him to the hospital.)
verb	kugendera	pursue relentlessly,
verb	kugenera (Iyi ni ibaruwa ikugenewe.)	address, to (This letter is addressed to you.)
verb	kugenga	supervise, to
verb	kugenza	1) to have a custom 2) to spy on
verb	kugenzura	control, to
verb	kugera {Igihe cyo kwiga kirageze.}	arrive, to {It is time to study.}
verb	kugerageza	1) to attempt 2) to experience 3) to probe 4) to test

parts of speech	kinyarwanda	english
verb	kugereranya	compare, to
verb	kugesa	harvest millet, to
prep.	kugeza	1) until 2) to manage to do 3) to reach
verb	kugigira	secret inquiry
phrase	kugilira {Ngilira imbabazi.}	order that, in {Pardon me.}
phrase	kugimba	be on the look out, to
verb	kugimba, gutiga	dull, to be (tool)
verb	kugingimiranya	stammer, to
verb	kugingimiranya	stutter, to
verb	kugira	charge, to be in
verb	kugira amazinda	forgotten, to have
verb	kugira avare	miserly, to be
n.	kugira ikizere (Mufitiye ikizere.)	trust (I trust him.)
verb	kugira ikizizi	obstinate, to be
verb	kugira intege nke {Afite intege nke.}	weak, to be {He has little strength.}
verb	kugira inyota	thirsty, to be
verb	kugira inzika	cross, to be
verb	kugira ishyari	jealous, to be (in past)
verb	kugira isoni	bashful, to be
verb	kugira isuku {Inzu ye ihora ifite isuku.}	clean, to be {His house is always clean.}
verb	kugira ubuntu	generous, to be
phrase	kugira ubushyuhe	warm, to be
phrase	kugira ubwira	hurry, to be in a
verb	kugira umwanda	dirty, to be
phrase	kugira umwete	to have zeal
verb	kugira uruhare	part in, to have
imper.	kugira vuba	do quickly
verb	kugirango	1) to suppose 2) so that so 3) in other to
verb	kugoboka	help, to go
verb	kugoma	rebel, to
verb	kugomba {Bizagomba amafaranga menshi.}	obligation {That will require a lot of money.}
verb	kugomba, -kwiriye	ought (to have to), must
verb	kugomba, kurinda	should, to be obligated (You should boil or filter your water.)
verb	kugonga	crash into, to
verb	kugorama {Iki giti kiragoramye.}	crooked, to be {This tree is not straight.}
verb	kugoroba	to become evening
verb	kugorora	straighten that which is bent, to
verb	kugororera, kwitura	reward, to
verb	kugororoka	straight, to be (as in line)

173

parts of speech	kinyarwanda	english
verb	kugorwa {Uliya mwana yaragowe.}	miserable, to be {This child is miserable.}
verb	kugosha	have skin lesion, to
verb	kugoshya	embellish, to
verb	kugota	surround, to
verb	kuguma, guhama	stay, to; to remain
verb	kugumana, kurinda	keep, to
verb	kugura {Ngiye kugura indobo.}	buy, to {I am going to buy the buckets.}
verb	kugurana	1) to exchange 2) to swap
verb	kugurisha	1) to peddle 2) to sell
verb	kuguriza	lend money, to
verb	kuguruka	fly, to
verb	kugurumana	thirsty, to be very
verb	kugurura, gusubiza	resell, to
verb	kugusha	fall, to cause to
verb	kuguza	loan, to
verb	kuguza {Ngiye kuguza udufaranga kwa Holly.}	borrow (money) {I am going to borrow a little money from Holly's home.}
verb	kugwa	fall, to
verb	kugwira	fall on, to
verb	kugwiza	multiply
verb	kuhagira	wash, (another)
verb	kuhagira {Ndiyuhagira mu maso.}	scrub {I am scrubbing my face.}
verb	kujabama	drink a lot, to
verb	kujahurwa	weak, to be
verb	kujamatwa, kunywa	intoxicated, to be
verb	kujarajara	go from place to place, to
verb	kujegajega	move, to
verb	kujena	immobilize by force, to
verb	kujenda, gushonga	dissolve, to
verb	kujija, kuyobera	difficult to decide, to
verb	kujijuka	1) to be educated 2) to be knowledgeable
verb	kujijura	ignorance, to bring out of
verb	kujijura, kwigisha	instruct, to
verb	kujijwa	forget completely, to
verb	kujojoma	obese, to be
verb	kujugunya {Jya kujugunya ibimene.}	throw away, to {Go throw out the pieces of glass.}
verb	kujugunya, guta	reject
verb	kujugunya, gutera	cast, to; to fling
verb	kujujubya	1) to attack 2) to pester
verb	kujurira	appeal to higher court

parts of speech	kinyarwanda	english
verb	kujya (place noted)	1) to go 2) to surrender to
verb	kujyana {Ndabijyanye.}	take, to {I am taking them.}
adv.	kuki? n'iki gituma? {Washibijwe n'iki?} [Kuki mwendereza abo bana?]	why? {Why were you absent?} [Why do you provoke the children?]
conj.	kuko (Sue arababaye kuko kubera ko atarataha.)	because (Sue is worried because he has not yet returned.)
phrase	kulikirutsa	dare to speak a word
verb	kulilimba	sing, to
verb	kulimba	pamper, to
phrase	kulyagagura	eat often, to
verb	kuma	dry, to
phrase	kumama akajisho	glance
verb	kumanika	hang up, to
verb	kumanura, kumanuka	descend, to; go down, to
verb	kumanura, kunyerera (Ushobora gutsura i gitanda?)	lower, to (Can you lower the bed?)
verb	kumara {Maze koza amacupa none ngiye kuyabika.}	finish, to {I came to wash the bottles and now I am going to put them away.}
verb	kumatira	stick to, to
verb	kumeca	chew, to
verb	kumekwa	salivate, to
verb	kumena	1) to traverse 2) to shed
verb	kumena {Yamenye amazi.}	spill, to {He spilled the water.}
verb	kumena {Yamenye ikirahuli.}	break, to {He broke a glass.}
verb	kumeneka {Amazi yamenetse.}	spill, to {The water was spilled.}
verb	kumenya (Nzi Julie ku isura.)	1) to know 2) to recognize (I know Julie by sight.)
verb	kumenya {Wamenye amakuru ya Brei?}	know, to {Did you learn the news about Brei?}
verb	kumenyekana	known, to become
verb	kumenyera	accustomed, to be
verb	kumenyereza	get used to, to
verb	kumenyesha	1) to inform 2) to make known
verb	kumera {Amasaka yarameze.}	germinate, to {The sorghum sprouted.}
verb	kumesa	wash, to (clothes)
verb	kumesa, koza	wash, to
verb	kuminina {Minina icyayi.}	1) to filter 2) to strain {Filter the tea.}
verb	kuminja	sprinkle, to
phrase	kumira bunguli	swallow without chewing
verb	kumira {Iyo umira urababara?}	swallow, to {Does it hurt when you swallow?}
verb	kumirwa	astounded, to be

parts of speech	kinyarwanda	english
verb	kumoka (Imbwa imoka cyane nijoro.)	bark, to (The dog barks a lot at night.)
verb	kumulika	prolapse, to have a (vaginal or anal)
verb	kumva {Subiramo sinumvise.}	1) to feel 2) to hear {Start again, I did not hear well.}
verb	kumva {Urabyumva.} [Sinabyumvise.]	understand, to {Do you understand?} [I did not understand.]
verb	kumvira {Twumvire abayeyi bacu.}	obey, to {We obey our parents.}
verb	kumwenyura	smile, to
verb	kunagana	hang, to
verb	kunagura	sharpen, to
verb	kunakira, gukopora	transcribe, to
verb	kunama	stoop down, to
verb	kunangira	bind strongly, to
verb	kunanguka	die suddenly, to
verb	kunanira	impossible to do, to be
verb	kunanirwa {Nali ndushye.}	tired, to be {I was tired.}
verb	kunanirwa {Ndarushye.}	fatigued, to be {I am tired.}
verb	kunanuka {Warananutse.}	weight, to lose {You lost weight.}
verb	kunanura	lose weight, to
verb	kunebwa {Yanebwe.}	lazy, to be {He was very lazy.}
verb	kunega	1) to spurt out 2) to be unique (only child)
verb	kuneguka	overturn, to
verb	kunezerwa {Buli muntu ashaka kunezerwa.}	glad, to be {Everyone wants to be happy.}
verb	kunezeza, kunezereza	1) to please 2) to make happy
verb	kunga, guhuza	reconcile, to
verb	kungana	1) equal, to be (age, size) 2) to be equivalent
verb	kunguka	1) to increase 2) to profit
verb	kunguka, kubona	earn, to; to gain
verb	kuniga	1) to choke 2) to grab by the neck
verb	kunogora	gouge out
verb	kunonosora	perfect, to
verb	kunoza	ameliorate, to
verb	kunuga	drink a little, to
verb	kunuka	stink, to
n.	kunwengera	listlessness
verb	kunya	have a stool (bowel movement), to
verb	kunyaga	take by force
verb	kunyanyagiza	disperse, to
verb	kunyara	urinate, to

176

parts of speech	kinyarwanda	english
n., med	kunyaragura	1) polyuria 2) to urinate frequently
verb	kunyareguzwa	drip urine, to
verb	kunyaruka	fast, to be
verb	kunyeganyega	tremble (earthquake)
verb	kunyerera, guserebeka	slide, to
verb	kunyiganyiza, kuzunguza	stir, to; shake, to
verb	kunymoza	deny, to
verb	kunyoterwa	thirsty, to be very
verb	kunyuguza	rinse, to
verb	kunyunyuka	skeletal, to become
verb	kunyura	1) to pass along 2) to pass through
verb	kunyura itabi	smoke, to
verb	kunyura {Twanyuze i Marcie.}	pass by, to {We passed by Marcie.}
verb	kunyurana {Bafite imilimo inyuranye.}	diverge, to {They are different workers.}
n.	kura amaraso	hemorrhage
verb	kuraba	1) to faint 2) to wilt
verb	kurabagira	reflect light, to
verb	kurabagirana	bright(of light) to be
verb	kurabuka	rekindle, to
verb	kurabukirwa	lose one's temper momentarily, to
phrase	kurabukwa	see suddenly, to
phrase	kuraga	inheritance, to leave
verb	kuragira	shepherd, to
verb	kuragwa, kugira umunani	inherit, to
verb	kurahira	vow, to, to swear (oath)
verb	kuramba	live a long time, to
verb	kurambika	1) to lay 2) to spread out
verb	kurambirwa	impatient, get
verb	kurambura	1) to stretch out (arm) 2) to lengthen
verb	kuramukanya	exchange greetings, to
phrase	kuramukwa	deliver, to come time to (pregnant woman)
verb	kuramutsa	greet, to (in a letter)
verb	kuramya	adore, to
verb	kurandata	lead, to (the blind)
verb	kurandura	recount in detail, to
verb	kurandura, gukura	1) to take out 2) to pull out
verb	kuranga {Baranze ko kuwa kabili nta nama izaba.}	announce, to {They announced there will be no meeting on Tuesday.}
verb	kurangamira	1) to stare at 2) to gaze at
verb	kurangara {Urarangaye.}	attention to, not pay {You are absent-minded.}

parts of speech	kinyarwanda	english
verb	**kurangarana**	ignore someone to
verb	**kurangira {Birarangiye?}**	finish, to {Is the work finished?}
verb	**kurangiza {Warangije?}**	finish, to {Are you finished?}
verb	**kurangurura, guhanika**	raise the voice, to
verb	**kurara**	1) to pass the night 2) to spend the night
verb	**kurarama**	1) to look up 2) to raise eyes
verb	**kurarika**	invite, to
phrase	**kuraruka**	leave home, to
verb	**kurasa**	draw back a bow, to
adv.	**kure**	away, far
verb	**kureba**	1) to find 2) to look for 3) to visit
verb	**kureba imirali**	squint, to
verb	**kureba {Reba mu kabati.}**	look, to {Look in the armoire.}
verb	**kureba, kubona, kurora**	see, to
phrase	**kurega**	1) to stretch tight 2) to accuse
verb	**kuregera**	relax, to
verb	**kureka**	1) to forsake 2) to refrain from
verb	**kureka {Mumpe akayira.}**	let, to {Let me pass.}
verb	**kureka {Nimurekere aho bulije.}**	stop, to {Stop the work, it is getting late.}
verb	**kurekura**	release, to
verb	**kurema**	create, to
phrase	**kuremba {Yararembye.}**	1) to be very ill 2) to be about to die {He is gravely ill.}
verb	**kurembera**	disappear in the distance, to
verb	**kurembuza**	signal to come, to
verb	**kuremera {Amasanduku araremereye.}**	heavy, to be {The boxes are heavy.}
verb	**kuremerwa**	danger, to be in great
verb	**kurenga**	1) to go over it 2) to jump over 3) to cross 4) to step over
verb	**kurenganya {Urandenganyije.}**	persecute, to {You treat me unfairly.}
verb	**kurengerwa**	submerge, to
verb	**kurengurana**	ridicule, to
verb	**kurera**	train, to (child)
verb	**kuresaresa (Zoey yaresarejeje nyina agura telefone.)**	coax, to (Zoey coaxed her mother to buy a cell phone.)
verb	**kureshya**	1) to influence 2) to woo 3) to tickle
verb	**kurevangwa**	1) to ramble 2) to stammer
verb	**kuribata**	trample on, to
n., med	**kuribwa umugongo**	lumbago
verb	**kuribwa {Yaliwe n'uruyuki.}**	stung, to be (bitten, to be) {He was stung by a bee.}

parts of speech	kinyarwanda	english
verb	**kuribwa, kubabara**	1) to have pain 2) to suffer
verb	**kuriduka**	1) to be audacious 2) to fall heavily (rain)
verb	**kuriganya**	1) to cheat 2) to trick
verb	**kurigita**	disappear abruptly
verb	**kurimba**	dress beautifully, to
verb	**kurimbuka**	perish, to
verb	**kurinda {Ndinze Zoey.}**	guard, to {I am waiting for Zoey.}
verb	**kurindira {Hali umuntu ndindiliye.}**	wait for, to {I am waiting for someone, I do not know when they will come.}
verb	**kurindira, kwiringira**	expect, to
verb	**kuringanira**	equal, to be (height)
verb	**kuringaniza**	1) to make equal 2) to make flat 3) to put in order
verb	**kurira**	1) to mourn 2) to climb (as in tree)
verb	**kurira {Umwana aralira.}**	weep, to {The child cries.}
verb	**kurira {Uralizwa n'iki?}**	cry, to {Why are you crying?}
verb	**kuririmba {Balilimba neza.}**	sing, to {They sing well.}
verb	**kurisha**	1) to graze 2) to pasture
verb	**kuroba {Warobye amafi menshi?}**	fish, to {Did you catch a lot of fish?}
verb	**kurobanura**	1) to ordain 2) to select
verb	**kurobora**	smash up, to
verb	**kuroga**	bewitch, to
verb	**kurohama**	1) to drown 2) to sink
verb	**kurokoka**	delivered (from harm), to be
phrase	**kurombereza**	go on further, to
verb	**kurondereza**	economical, to be
verb	**kurondereza**	frugal, to be
verb	**kurondogora**	ramble on, to
verb	**kurondora**	1) to define 2) to describe 3) to explain in detail 4) to quote or cite
verb	**kurongomera**	fall over, to
verb	**kuronka, kwakira**	receive, to
verb	**kurota**	1) to deteriorate 2) to dream
verb	**kurubira**	1) to become angry 2) to be furious 3) to become violent
verb	**kuruha**	tired, to be
verb	**kuruha, kubika**	upset, to
verb	**kuruka {Nduka inzoka.}**	vomit, to {I am vomiting worms.}
verb	**kuruma, kuryana**	bite, to
verb	**kurumbuka**	1) to be abundant 2) to be fertile (land) 3) to produce abundantly

179

parts of speech	kinyarwanda	english
verb	kurumbura	open (as flower), to
verb	kurunda	1) to accumulate 2) to heap
verb	kurunda {Runda aya mabuye.}	pile up, to {Put these stones in a pile.}
verb	kurundarunda	pile carefully, to
n. med	kurungulirwa	nausea, to feel
verb	kurunguruka	look at, leaning over to see
verb	kururuka	climb down, (tree), to
verb	kurusha	better, to be
verb	kurusha, kuruta	surpass, to
phrase	kurushaho	more, to do
verb	kurushya	trouble, to
verb	kuruta	1) to be better than 2) to be better
verb	kurutama	crouch, to
verb	kurwalika	gravely ill, to be
verb	kurwana	fight, to
verb	kurwanya	fight, to
verb	kurwara	fall ill, to
n.	kurwara igifu	gastritis
n.	kurwara umurjimo	hepatitis
verb	kurwara {Ndarwaye.}	ill, to be {I am ill.}
verb	kurwara {Ndaye umutwe.}	sick, to be {I have a headache.}
phrase	kurwaza	1) to care for the sick 2) to become ill
verb	kurya	irritate, to
verb	kurya ruswa	bribe, to take
verb	kurya {Ngiye kwigulira ibyo kulya.}	eat, to {I am going to buy something to eat.}
verb	kuryama	1) to go to bed 2) to lie down
verb	kuryoha	excellent, to be
verb	kuryoha {Biralyoshye.}	delicious, to be {It is delicious.}
verb	kuryoza	penalty, to make pay the
verb	kutagira imbabazi	cruel, to be
verb	kutava ku izima	adamant, to be
verb	kutitaho	careless, to be (in work)
adv.	kuva	since
verb	kuva	come out of, to
verb	kuva amaraso {Arava amaraso mu mazuru.}	bleed, to {He has a bloody nose.}
verb	kuvana {Nabivanye i Alton.}	take away, to {I brought them from Alton.}
verb	kuvanga	1) to blend 2) to mix
verb	kuvoma {Ngiye kuvoma.}	bring water, to {I am going to draw water.}

parts of speech	kinyarwanda	english
verb	kuvuduka	run very fast, to
verb	kuvuga menshi	indiscrete, to be
verb	kuvuga {Baravuga iki?}	talk, to {Who are they talking of?}
verb	kuvuga {Vuga cyane.}	speak, to {Speak loud.}
verb	kuvuga {Yavuze ko azaza ejo.}	say, to {He said he would come tomorrow.}
verb	kuvugama	paddle, to
verb	kuvugama, kugashya	row, to (boat)
verb	kuvugana, kuganira (Ndashaka kuvuga kuri gahunda yo ku wa gatandatu.)	discuss, to (I want to discuss the agenda for Saturday.)
verb	kuvugurura	retype, to
verb	kuvugurura	revive, to
verb	kuvuguruza	contradict
verb	kuvuka {Wavutse Iyali?}	born, to be {When were you born?}
verb	kuvuma	curse, to
verb	kuvumba	beg for a drink, to
verb	kuvuna	1) to come to the aid of 2) to go to help 3) to move 4) to break
verb	kuvunagura	break into bits
verb	kuvundereza	spit out, to
verb	kuvunja	change money, to
verb	kuvura	1) to give a treatment 2) to treat (medically)
verb	kuvutsa	hinder from getting, to
verb	kuvuza	1) to play an instrument 2) to take someone to be treated
verb	kuvuza ingoma	beat drum, to
phrase	kuyaga	visit bereaved person, to
verb	kuyaza	1) to cause to melt 2) to melt (as in butter)
phrase	kuyoba {Nayobye.}	lose one's way, to {I took the wrong path.}
verb	kuyobera {Biranyobeye.}	escape comprehension {I do not understand anything.
verb	kuyoberanwa	1) to be in disagreement 2) to not understand one another
verb	kuyoberwa	recognize, to not
verb	kuyobora	1) to direct 2) to drive 3) to have authority 4) to manage
verb	kuyoboza	ask the way, to
verb	kuyobya {Yanyobeje.}	astray, to go {He advised a bad path.}
verb	kuyuyeza	rub lightly, to
verb	kuza {Twaje muli bus ya nimugoroba.}	come, to {We came by bus this evening.}

parts of speech	kinyarwanda	english
verb	kuzamuka	1) to go up hill 2) to ascend 3) to climb up (mountain)
verb	kuzamura	lift, to
verb	kuzana {Uzazana na nde?}	bring to {Who are you coming with?}
n., med	kuzana byose	have a prolapsed rectum, to
verb	kuzengerera	dizziness, to experience
verb	kuzerera	wander about, to
verb	kuzeyura	dissuade
verb	kuzibura	stop up, to
verb	kuzigama	keep a reserve (money), to
verb	kuzigama {Wazigamye amafaranga angahe?}	save, to {How much money have you saved?}
phrase	kuzima	go out (fire) , to
verb	kuzima {Moteri irazimye.}	extinguished, to be {The engine is off.}
verb	kuzimana	feast, to give a
verb	kuzimba, guhagaza	overcharge, to
verb	kuzimira	1) to go astray 2) to be lost
verb	kuzimya {Ngiye kzimya moteri.}	1) to annihilate 2) to extinguish {I am turning off the engine.}
verb	kuzinduka {Ndazinduka.}	get up early, to {I will get up early in the morning.}
verb	kuzinga	1) to fold again 2) to wind
verb	kuzinukwa	detest, to
verb	kuzinzika	keep quiet (about something), to
verb	kuzira	1) to exclude 2) to be forbidden 3) to be taboo 4) to be a victim of
verb	kuzirika	tie with a cord, to
verb	kuzirikana	1) to bind together 2) to meditate 3) to ponder 4) to remember
verb	kuziririza	observe, to
phrase	kuzitira	fence to protect, to
verb	kuzitura, kubohora	untie (animal), to
verb	kuzuka	arise (from dead)
verb	kuzuka, izuka	resurrected, to be
verb	kuzunguza umutwe	shake head, to (disapproval)
verb	kuzura	1) to dig up 2) to exhume 3) to recover from grave illness
prep.	kwa (kwa Sheila)	home (Sheila's house)
verb	kwabira	roar, to (bellow)
verb	kwaduka, gutunguka	appear suddenly
verb	kwagura	extend the boundaries of
verb	kwahukana	divorce, to

parts of speech	kinyarwanda	english
phrase	kwahukana {Yarahukanye.}	leave mate (temporarily), to {She left her spouse temporarily.}
verb	kwaka	reclaim, to
verb	kwaka, kubengerana	shine, to
verb	kwakira	take hold of
verb	kwakuza	appeal, to
verb	kwambara	1) to dress oneself 2) to wear
verb	kwambika	1) to clothe 2) to dress another
verb	kwambuka	cross body of water
verb	kwambura	clothes, to take off
phrase	kwandarika	careless (with things) to be
verb	kwandika	record, to (voice audio)
verb	kwandika {Nza-b-andikira ejo.}	write, to {I will write them tomorrow.}
verb	kwanduranya	provoke
verb	kwanduza	poison, to
verb	kwanga {Yanga mugenzi we.}	1) to dislike 2) to hate {He dislikes you friend.}
verb	kwangiza	tarnish, to
verb	kwangiza, kurondomeza	squander, to
phrase	kwanika	sun, to put out in
verb	kwanira	conclude, to
verb	kwanura	sheltered from, to be
verb	kwanzika	to do preparation
verb	kwarika	nest, to make
verb	kwaruka	appear, to
phrase	kwasama	open the mouth, to
verb	kwatsa	blow fire, to
verb	kwatura	resume
verb	kwayura	yawn, to
verb	kwegama	lean, to
verb	kwegeka {Egeka urwo rwego ku nzu.}	lean against, to {Lean this ladder against the wall.}
verb	kwegera {Nimwigire hino}	1) to draw near 2) to approach {You come closer.}
verb	kwegeranya	1) to bring closer 2) to pile up
verb	kwegereza	bring near, to
verb	kwegereza {Umunsi mukuru uregereje.}	approach, to cause to {The day of the festival is near.}
verb	kwegurira	give completely, to
verb	kwemera	1) to admit (confess) 2) to consent 3) to be willing

parts of speech	kinyarwanda	english
verb	kwemera {Ndabyemeye.}	agree, to {I agree.}
verb	kwemera {Simbyemeye.}	approve {I do not agree.}
verb	kwemera, gukundira	accept, to
verb	kwemerera	admit (into a place)
verb	kwemeza	1) approval 2) assert 3) assign 4) to confirm 5) to convince
verb	kwemeza {Mwemeje iki?}	decide {Have you decided?}
adv.	kwenda	about to, to be
adv.	kwenda, ahali	perhaps
verb	kwenga	beer, to brew
verb	kwera	1) to be innocent 2) to whiten
verb	kwera {Amasaka areze.}	produce, to (fruit) {The sorghum is ripe.}
phrase	kwera, kwegurirwa Imana	holy, to be
verb	kwereka, kumurikwa	show, to
verb	kwerekera	turn toward, to
verb	kwerekeza	drive toward, to; to direct towards
verb	kwerura	1) to speak frankly 2) to speak openly
n., med	kweruruka	cyanosis
phrase	kweza	have favorable harvest
verb	kwiba	steal, to
verb	kwibagira	escape the memory of, to
verb	kwibagirwa {Nibagiwe ibitabo.}	forget, to {I forgot the books.}
verb	kwibana	live alone, to
verb	kwibaruka	give birth, to
verb	kwibatura	get up early, to
verb	kwibeshya	delude oneself
verb	kwibuka	remember, to
verb	kwibumba	round, to be
verb	kwiburanya	1) to reason 2) to think about
verb	kwibutsa {Turabibutsa ko kuwa kane hazaba inama.}	remind, to {We remind you there will be no meeting Thursday.}
verb	kwica, guhemura	kill, to
verb	kwicara {Nimwicare!}	sit, to {Sit down!}
verb	kwicira, kwanganya	aerate
verb	kwicuma	move a little, to
verb	kwicunda	swing, to
verb	kwicura	dread, to
verb	kwicuza	sorry for one's wrongs, to be
verb	kwidegembya	freedom, to have
verb	kwidunaduna	ambitious, to be
verb	kwidunda	bounce, to

parts of speech	kinyarwanda	english
verb	kwifata {Yifata neza.}	behave, to {He behaves well.}
verb	kwifubika {Mu-fubike harakonje.}	cover oneself, to {Cover him, he is cold.}
verb	kwifuza	long for, to
verb	kwiga	study, to
verb	kwiga (Biragoye kwiga ururimi rw'amahanga.)	learn, to (It is difficult to learn a foreign language.)
verb	kwiga {Mwize iki mu mibere?}	study, to {What have you studied in mathematics?}
verb	kwigana	imitate, to
verb	kwigaragura	thrash around, to
verb	kwigenge, kwitamba	independent, to be
verb	kwigera	confront, to
phrase	kwigimba	have abnormal menstruation, to (close together)
verb	kwigisha {Yigisha mu mwaka wa kane.}	teach, to {He teaches the fourth grade.}
verb	kwigomwa	give up, to
verb	kwigorora	doubled-up , to be
verb	kwigubanga	roll around, to
verb	kwigumanya	behave with patience
verb	kwihana, kwatura	confess, to
verb	kwihandagaza	1) to be apparent 2) to be obvious
verb	kwihangana	patient, to be
verb	kwihara	take risks, to
adj.	kwiharira	special, to be
verb	kwihata {Yalihase.}	effort, to make an {He is trying very hard.}
verb	kwiheba	1) to despair 2) to let go
phrase	kwiherera	alone, to be
phrase	kwihorera	leave alone, to
verb	kwihugura	informed, to be
verb	kwihuta	1) to hurry 2) to speed
verb	kwihutirwa {Hali imilimo yihutirwa.}	urgent, to be {There is urgent work.}
phrase	kwijima	1) to be dark 2) to appear sad
verb	kwijuta, gusonzoka	full, to be (not hungry)
phrase	kwikanyiza	selfish, to be
phrase	kwikanyiza	stingy, to be
verb	kwikira	boat, to get into
verb	kwikorera {Yikoreye isanduku.}	carry, to (on one's head) {He is carrying a box on the head.}
verb	kwikubita	get up abruptly, to
verb	kwikubura	withdraw quickly, to
phrase	kwikunda	self-love

parts of speech	kinyarwanda	english
verb	kwima {Yanyimye inzoga.}	withhold, to {He refused to give me the beer.}
verb	kwimuka	move, to (dwelling)
verb	kwimya	project, to
verb	kwinginga	beseech, to
verb	kwinjira	1) to come 2) to enter
verb	kwinozora	act with gentleness, to
verb	kwioroshya	humble, to be
phrase	kwira	1) to get dark 2) to get late in the day
n. & adj.	kwirabura	black (for person)
verb	kwirata {Alirata.}	1) to be proud 2) to boast {He boasts.}
verb	kwiraza	pass the night alone, to
verb	kwirenga	fall strongly, to
verb	kwirengagiza	1) to neglect 2) to procrastinate
verb	kwirengera	carry on one's head without using the hands
verb	kwirinda	beware, to
verb	kwiringira	1) to hope 2) to rely on
verb	kwiroha	1) to push someone 2) to rush
verb	kwiruka	run, to
verb	kwirukana	run after, to
verb	kwisanura	prepare meticulously, to
verb	kwisegura	1) to apologize 2) to lie on pillow
verb	kwishima	1) to rejoice 2) to scratch oneself
verb	kwishima {Tulishimye.}	happy, to be {We are happy.}
verb	kwishyura	reimburse
verb	kwishyura {Ulishyura?}	pay debt, to {Are you paying cash?}
verb	kwisubira, gutangira gukira	mend (clothes)
verb	kwisukura	cleanse oneself
verb	kwita	1) to call (name) 2) to name
verb	kwita ku; kwitondera	pay attention, to
verb	kwitaba	answer when called, to
verb	kwitanga	1) to commit oneself 2) to offer oneself
verb	kwitega	foresee, to
verb	kwitegereza	explore, to
verb	kwitema	cut oneself, to
verb	kwiterura	move easily, to
verb	kwitirira	name something in memory of, to
verb	kwitonda {Itonde hali amabaraza.}	cautious, to be {Pay attention to the stairs.}
verb	kwitonda, kwirinda	careful, to be
verb	kwitondera (law)	obey, to

parts of speech	kinyarwanda	english
verb	kwitondera {Witondere insinga.}	attention, to pay {Pay attention to the electrical wires.}
verb	kwitonganya	fuss, to
verb	kwitoza	1) to inculcate 2) to practice
verb	kwitoza {Balitoza gukina umupira.}	exercise, to {They do football training.}
verb	kwitsamura	sneeze, to
verb	kwitwararika (Nta kintu na mba yitaho.)	behold, to; notice, to (He does not notice anything.)
verb	kwivira	come along, to
verb	kwivovota	grumble, to
verb	kwiyaka	deprive oneself of, to
verb	kwiyamiza	provide oneself with, to
verb	kwiyandarika	careless, to be (personal appearance)
verb	kwiyara	have confidence in, to
phrase	kwiyereka	1) to show oneself 2) to do exercises
verb	kwiyiriza ubusa, kwigomwa	fast, to
phrase	kwiyizi	know oneself, to
verb	kwiyora	leave suddenly, to
verb	kwiyoza amenyo	brush teeth, to
verb	kwiyubara	speak with reservations, to
verb	kwiyuha	wipe up, to (tears)
verb	kwiyuhagira {Kwiyuhagira.}	bathe, to (oneself) {I took a bath.}
verb	kwiyumanganya	wait, to
verb	kwiyumva	count on oneself, to
verb	kwizera {Nizeye ko bizakugendekera neza.}	believe, to {I hope that all will go well for you.}
verb	kwizihiza	celebrate, to
n.	leta zunze z'Amerika	America, US of
n.	Leta, ubutegetsi	government
phrase	limwe	at the same time
n.	mabuja	employer (female), boss (female)
n.	Madamu	Mrs.
n.	madamuzera	Miss
n.	magana abili	two hundred
n.	magana alindwi	seven hundred
n.	magana ane	four hundred
n.	magana atandatu	six hundred
n.	magana atanu	five hundred
n.	magana atatu	three hundred
n.	magana cyenda	nine hundred
n.	magana inani	eight hundred

parts of speech	kinyarwanda	english
n. & adj.	makumyabira	twenty
n.	makumyabiri na rimwe	twenty-one
n.	mama	mama
n.	mama, umukecuru wanjye	mother my
n.	marakuja	passionfruit
n.	marere	finger, ring
phrase	Mari kuvuga iki?	What are you saying?
n.	marume	uncle, maternal
phrase	masenge	paternal aunt
n.	mata, ukwezi kwa kane	April
phrase	matandi	on the contrary
phrase	mberabero	muscles of thigh
adv. adj	mbere (Mbere yo kuza.)	1) prior to 2) at first 3) before (Before coming.)
phrase	mbese	tell the truth
adv.	meme	absolutely
phrase	Meze nabi.	I'm not good.
phrase	Meze neza.	I'm fine.
phrase	Mfite inyota.	I am thirsty.
phrase	Mfite ububabara mu mutwe.	I've got a headache.
phrase	Mfite ububabara mu nda.	I've have a stomach ache.
n.	mirongo icyenda na kabiri	ninety-two
n.	mirongo icyenda na rimwe	ninety-one
n.	mirongo inani	eighty
n.	mirongo inani na kabiri	eighty-two
n.	mirongo inani na rimwe	eighty-one
n.	mirongo irindwi na gatandatu	seventy-six
n.	mirongo irindwi na gatanu	seventy-five
n.	mirongo irindwi na gatatu	seventy-three
n.	mirongo irindwi na kabiri	seventy-two
n.	mirongo irindwi na kane	seventy-four
n.	mirongo irindwi na karindwi	seventy-seven
n.	mirongo irindwi na rimwe	seventy-one
n.	mirongo irindwi n'icyenda	seventy-nine
n.	mirongo irindwi n'umanane	seventy-eight
n.	mirongo itatu na rimwe	thirty-one
n.	mirongwicyenda	ninety
adj. & n.	mirongwinani	eighty
adj. & n.	mirongwine	forty
adj. & n.	mirongwirindwi	seventy
adj. & n.	mirongwitandatu	sixty

parts of speech	kinyarwanda	english
adj. & n.	mirongwitanu, mirongo itanu	fifty
adj. & n.	mirongwitatu	thirty
phrase	mpore, bambe, nako, Mbabarira.	Excuse me.
adv.	mu	out of
adv.	mu cyimbo, mu kigwi	instead
phrase	Mu cyumba.	In the room.
phrase	Mu gihe kingana iki?	How long?
adv.	mu maguru mashya, nonaha, nbu ngubu, ubungubu	immediately, right now
n.	mu majyaruguru	north
n.	mu majyepfo	south
n.	mu mbere	room for guest, private
phrase	mu muhezo	entrance forbidden
n.	mu nkoko	cock-crowing
phrase	Mu nzu.	In the house.
prep.	mu, muri	in, into
n., med	mugabuzi	xiphoid process
phrase	Mugende!	You guys go!
n.	mugenzi	mate (a pair of things), companion
n.	mugenzi w'umuntu (Ni incuti nziza.)	friend (He is a good friend.)
phrase	Mugire ijoro rwiza.	Have a good night.
phrase	Mugire umugoroba mwiza.	Have a good evening.
phrase	Mugire umunsi mwiza.	Have a good morning.
phrase	Mugire urugendo rwiza.	Have a good trip.
phrase	Mugiye hehe?	Where are you going?
n., med	mujongo	iliac bone
n.	mukubitarukoko	finger, index
n.	mukuru	older brother of boy or older sister of girl
n.	mukuru wanjye	brother, my older (male talking)
phrase	mumugi	to the city
adj. & n.	munani	eight
n. adv.	munsi	1) underneath 2) destiny
adv.	munsi (Degere zirindwi munsi ya zeru.)	below (Seven degrees below zero.)
adv. prep.	munsi ya	beneath, under
phrase	murabeho (long time)	good-bye
interj.	Muraho.	Hello.
phrase	Muraho?	How do you do?
phrase	Murakaza neza.	Welcome.
phrase	Murakoze cyane.	Thank you very much.
phrase	Murakoze., nuko nuko	Thank you.

parts of speech	kinyarwanda	english
n.	muraramukeho	good-night
phrase	Muri gukora iki?	What are you doing?
phrase	Muririrwe., Muririrweho.	Good-bye.
phrase	Murisanga.	Feel at home.
phrase	Murishimimye?	Are you happy?
phrase	murugo	to the house
n.	murumuna wanjye	younger sibling (male or female talking)
phrase	Muryoherwe!	Enjoy your meal!
n.	musaza wanjye	brother, my older (female talking)
phrase	Mushobora.	Please.
n.	musukumo	scarecrow
n.	musumbazose	finger, middle
n.	Mutarama, ukwezi kwa mbere	January
phrase	Mutuye he?	Where do you live?
phrase	Muzi.	You know.
phrase	Mwaramutse.	Good morning.
n.	Mwaramutseho.	Good morning.
phrase	Mwariye?	Have you eaten? (pleural)
n.	mwene	child of
phrase	Mwirigwe. (short time)	Good-bye.
n.	mwiriwe, mwiriweho, wiriwe	good afternoon
prep.	na	by (through)/ (near)
adv.	na (n'ibindi n'ibindi)	thus (and so on)
prep.	na, hamwe (Tujyane.)	with (Come with me.)
adv.	na, kandi (Elizabeth na we arazana.)	also, too (Elizabeth with come with us also.)
conj.	na, no, kandi	and
adj. adv.	nabi	1) poorly 2) unsatisfactory 3) badly
conj.	naho	whereas
adv.	naho ubundi, ukundi	differently
phrase	Namwe.	And you (plural).
phrase	Nangahe?	How much does this cost?
phrase	Nanjye.	Me, too.
phrase	Nawe.	You too (singular).
phrase	Nda gukunda.	I love you.
phrase	Nda haze.	I am full.
phrase	Nda shaka...	I am looking for...
phrase	Nda shonje.	I am hungry.
phrase	Ndabizi.	I know.
phrase	Ndagerageza.	I'm trying.
phrase	Ndananiwe.	I am tired.

parts of speech	kinyarwanda	english
phrase	Ndarwaye.	I am ill.
phrase	Ndashaka kujya.	I want to go.
phrase	Ndashaka...	I want...
pronoun	nde (Uli nde?)	who (Who are you?) {singular}
adv.	ndetse	even
adv.	ndetse, koko	indeed; in fact
phrase	Ndi ingaragu.	I am single.
verb	Ndi.	I am.
phrase	Ndishimimye.	I am happy.
interj.	ndiyo	O.K.
phrase	Ndubatse.	I am married.
n.	neza	fine
adv.	neza neza	quite
adj.	neza, iza	satisfactory
phrase	Ngiye gukora.	I am going to work.
phrase	Ngiye kukibuga cy'indege.	I am going to the airport.
phrase	Ngiye...	I am going to...
interj.	Ngwino!	Come here!
phrase	Ni aheyo.	See you tomorrow.
phrase	Ni byiza.	It is good.
phrase	Ni byo.	That's right.
phrase	Ni byo?	Is it true?
phrase	Ni hafi?	Is it close?
phrase	Ni hano.	It is here.
phrase	Ni hariya.	It is there.
phrase	Ni he hari...?	Where is...?
phrase	Ni he he?	Where is it?
phrase	Ni ibiki?	What's up?
phrase	Ni ishano.	terrible., That's
phrase	Ni ishyano.	marvelous., That's
phrase	Ni kure?	Is it far?
n.	ni munsi	afternoon
verb	ni, -ri (bari, biri etc)	are
phrase	Niho...	It is there that...
interj.	Niko...	I say... (look here)
conj.	nimba, iyoba, ni, niba, yoko	if
adv.	ningoga	quickly
phrase	Nishimiye guhora nawe.	Nice to meet you. (one person)
phrase	Nishimiye guhurana mwe.	Nice to meet you. (more than one)
phrase	Nitwa...	My name is...

parts of speech	kinyarwanda	english
phrase	Njyana ku bitaro.	Take me to the hospital
adj.	nka, bene	like
adv.	nka, nk'uko	just as
adv.	nkana	deliberately (carefully)
phrase	Nkeneye umugango nonaha.	I need a nurse right away.
phrase	Nkeneye, nshaka ikintu kirwanya macinya.	I want something to treat diarrhea.
phrase	Nkeneye...	I need...
n.	nketi	inquiry
phrase	Nkorera...	I work for...
phrase	Nkunda u Rwanda.	I love Rwanda.
phrase	Nkunda...	I like...
phrase	none, noneho	and now
phrase	none, noneho, niko	and so
adv.	none, uyu munsi {Ngira ngo araza none.}	today {I think he will come today.}
adv.	noneho (Noneho habaye iki?)	then (And what happened then?)
prep.	nta	without, none
phrase	Nta bwo iwanjye ajya ahagenda?	house?, Why do you never come to our
phrase	Nta cyo bitwaye.	It does not matter.
pronoun	nta cyo, ubusa	nothing
phrase	Nta mafaranga mfite.	I don't have money.
phrase	nta mpfane	hard feelings, no
phrase	Nta mwanya mfite.	I don't have time
phrase	Nta ntege mfite.	strength., I do not have
pronoun	nta we	no one
adj.	ntabwo	never
phrase	Ntabwo shonje.	I am not hungry.
phrase	Ntakibazo.	No problem.
phrase	Ntuye...	I live...
phrase	nubwo, naho	even though, although
adv.	nuko, ubundi, hanyuma, nyuma (Mfite inama i Butare, nyuma ndajya ku meza sasita.)	then (I have a meeting in Butare at 10 o'clock then I am eating lunch at noon.)
phrase	Nuko.	right., All
interj.	Nyabuneka!	For pity's sake!
n.	Nyakanga, ukwezi kwa karindwi	July
n.	nyakibi, sekibi	devil
adv.	nyamara	1) however 2) nevertheless 3) yet
n.	nyamwinshi	majority
phrase	nyina	mother, his/her
adv.	nyine	precisely

parts of speech	kinyarwanda	english
n.	nyogokuru, nyirakuru	grandmother
phrase	nyoko	mother, your
n.	Nzeri, ukwezi kwa cyenda	September
interj.	Ohoho!	Not possible!
interj.	Oya ayo.	Enough.
adj., adv.	oya, nta, ashwi (emphatic)	no
adv.	pe, bikabije	extremely
adj.	pfuye	dead
n.	pirizo	jail
phrase	Reka kulira.	crying., Stop
phrase	Reka nkuwire.	Permit me to speak to you.
adv.	rimwe	once
adj. & n.	rimwe (-mwe)	one
adv.	rimwe na rimwe	1) sometimes 2) now and then 3) occasionally
n.	rubanda	public
phrase	rubanda rwa giseseka	ordinary people, the
adj.	rudoli	unique
phrase	rukende	good-for-nothing
phrase	rukimirana	stomach growling
phrase	rukomeza	miserly person
phrase	rukujuju	person with rough skin
adj.	rukumbi	sole
adv.	runtu	humanly
adj. & n.	rusange	1) general 2) common
adv.	rwose	1) entirely 2) very much
adv.	rwose, byimazeyo	completely, totally
conj.	Ryali? {Muzasubira kwiga lyali?}	when? {When are you returning to the classes?}
n.	senema	movie theater
phrase	Shirinyota!	Quench you thirst!
n.	shobuja	master, your
phrase	si	is not
phrase	Si byo?	Isn't that so?
phrase	si, (ntibari etc)	are not
phrase	Simbasha.	I cannot.
adj.	simbikangwa	reckless
phrase	Simbizi.	I don't know.
phrase	Simbyumva.	I don't understand.
phrase	Simfite...	I don't have...

193

parts of speech	kinyarwanda	english
phrase	Sinkunda...	I do not like...
phrase	Sinshaka kujya.	I do not want to go.
phrase	Sinshaka...	I do not want...
n.	sogokuru, sekuru	grandfather
n.	sogokuruza	ancestor
interj.	subiramo	repeat
phrase	tereriyo	disobedient child
n., med	tifusi	typhoid
phrase	Tugende!	1) Let's go! 2) We can go!
phrase	Tuzabonana...	See you...
phrase	Tuzongera.	See you next time/soon.
pronoun	twebwe, twe	we, us
adv.	ubanza	possibly
phrase	ubanza..., Ngira ngo	think that..., I
adv.	ubu	now
phrase	ubu nyine, ubungubu	right now, right away
phrase	ububabare	suffer physically or emotionally
n.	ububabare, umubabaro	pain
n.	Ububirigi	Belgium
n.	ubucuti	friendship
adj.	ubudeshyi	idle
n.	ubuganga	malaria
n.	ubuganga, umuriro	fever
n.	ubugingo	life
n.	ubugonyi	toilet
n.	ubugugu	miserliness
n.	ubuhagarike	height
n.	ubuhanga	1) intelligence 2) knowledge
n.	ubuhinzi	agriculture
n.	ubuhubuke	hurry
n.	ubuhura	insects (that make honey)
n.	ubujana	wrist
n.	ubujeni	glue
adv.	ubujyakera	at last
phrase	ubukarate	sour taste
n.	ubukayide	bragging
n.	ubukene (Ndagikeneye cyane)	need (I need it badly.)
n.	ubukene, umukeno	poverty
phrase	ubukenya	premature death
n.	ubuki	honey

parts of speech	kinyarwanda	english
n.	ubukiranutsi	justice
adj.	ubukire	riches
n.	ubukonje, imbeho	coldness
n.	ubukorikori, ilyenge	craftsmanship, skill
n.	Ubukristo	Christianity
n.	ubukuku	bed
n.	ubukuru, zabukuru	age, old
n.	ubukwe	wedding
n.	ubukwe {Natumiwe mu bukwe.}	marriage {I was invited to a marriage.}
adj.	ubukwerere	middle age (30-50)
phrase	ubundi	time, at another
n., med	ubunihura, mugiga	meningitis
n.	ubunini	size
n.	ubunyereli	slide
n.	ubupfu	folly
n.	ubupfu, ubusazi	foolishness
n.	uburabyo, ururabo (pl. inrabo)	flower
n	uburakali	anger
phrase	uburambike	horizontal position
n	uburanga	beauty, physical
n.	uburangazi	negligence
n.	uburebure	length (dimension, time)
n.	uburenganzira	1) right (civil, legal) 2) priority
n.	uburezi	education
n.	uburibwe bw'umutwe	headache
n. & adj.	uburiganya	1) deceit 2) trickery
n.	uburohame	shipwreck
n.	uburoko, umunyororo	prison
n.	uburongo	clay
n.	uburoso (uburoso bw'irangi) {uburoso bwo gusokoza}	brush (paintbrush) {hair brush}
n.	uburozi	1) poison 2) witchcraft
phrase	uburumbuke	fertile ground
adj.	ubururu, bisa n'ijuru	blue
n.	uburyarya	hypocrisy
n.	uburyaryate (Mfite uburyaryate mu mugongo.)	pruritus, itch (I have a rash on my back.)
n.	uburyo	1) manner 2) opportunity
n.	uburyo, ukuntu	method
n.	ubusabane	friendship, close
adv.	ubusanzwe	1) ordinarily 2) usually

195

parts of speech	kinyarwanda	english
phrase	ubushahi	pins and needles
n.	ubushake	1) will 2) resolution
n.	ubushobozi	power
n	ubushye	burn
n.	ubushyuhe	heat
n.	ubusitani, umurima	garden
n.	ubusore	youth
n.	ubusugi	purity
n.	ubutaka	soil
n.	ubutayu	wilderness
n.	ubutegetsi	director
n.	ubutegetsi, ubutware	authority
n.	ubutindi	1) destitution 2) nastiness 3) misery
n.	ubutumwa	message
n.	Ubutumwa Bwiza	Gospel
n.	ubutunzi	wealth
n.	ubuvungukira	left over bits
phrase	ubuvuzi	medicine, practice of
n.	ubuzima	1) health 2) stoutness
phrase	ubuzima-gatozi	civil personality
n.	ubwa	self
n.	ubwabyi	malaise
n.	ubwaguke	width
n.	ubwaku	mouth odor
n.	ubwami	1) kingdom 2) monarchy
n.	ubwana	childhood
pronoun	ubwanjye	myself
adv.	ubwanyuma, hanyuma	later
n.	ubwato (pl. amato)	boat
n.	ubwatsi	pasture
n.	ubwatsi	straw (to cover a house)
pronoun	ubwayo, ukwayo	itself
n.	ubwcalize	idleness
n.	ubwene gihugu	nationality
n.	ubwenge {Azi ubwenge.}	1) wisdom 2) intelligence {He is intelligent.}
n.	ubwenge, ubumenyi	knowledge
n.	ubwibone	pride
n.	ubwigenge	autonomy
n.	ubwigenge	independence
n.	ubwikubire	selfishness

196

parts of speech	kinyarwanda	english
n.	ubwikuzo (pl. icyikuzo)	dessert
n.	ubwinshi	1) quantity 2) large number
n.	ubwira	hurry, haste
phrase	ubwirakabili	eclipse of the sun
n.	ubwiru	mystery
n	ubwishingizi, inkunga	backing (support)
n.	ubwiteganirize	pension
n.	ubwiyubahe	1) dignity 2) self-respect
n.	ubwiza	beauty
adv.	ubwo (Roger yaje ubwo nagendaga.)	as (Roger arrived as I was leaving.)
conj.	ubwo , igihe	when
n.	ubwoba {Nali mfite ubwoba.}	1) fear 2) panic 3) phobia {I was scared.}
n.	ubwoko (pl. amoko)	1) tribe 2) type 3) kind (species)
n.	ubwonko	brain
n.	ubwoya	fur
phrase	ubwugamo	shelter from rain
phrase	ubwuzu	joy, great
adj.	ucecetse, utuje	calm, quiet
phrase	Ufashwe n'iki?	suffering from?, What are you
phrase	Ufite abana?	Do you have children?
phrase	Ufite umwanya?	Do you have time?
phrase	Ufite...	Do you have...
adj.	ugira ubuntu	generous
n.	Ugushingo, ukwezi kwa cumi na kumwe	November
n.	ugutwi (pl. amatwi)	ear
adj.	uhangayitse (Arasa n'uhangayitse cyane.)	anxious (He seemed very anxious.)
phrase	Ukeneye kuzya mu cyomba bogerduro?	Do you need to go to the bathroom?
conj.	uko, iyo	whenever
adv.	uko, uburyo, ukuntu	how (manner)
phrase	Ukora ute?	How are you doing?
n.	ukuboko {Mpiye ukuboko.} (pl. amaboko)	arm {I burnt my arm.}
n.	ukuboza, ukwezi kwa cumi n'abiri	December
n.	ukuguru (pl. amaguru)	leg
adv.	ukundi	again
adj. & n.	ukundwa	dear
n.	ukuntu	means (of doing something)
adj.	ukuri {Uvuze ukuli.}	true {You speak the truth.}
adv.	ukwa	apart
n.	ukwaha (pl. amaha)	armpit

197

parts of speech	kinyarwanda	english
n.	Ukwakira, ukwezi kwa cumi	October
n.	ukwezi	moon
phrase	ukwezi	one month
phrase	ukwezi gutaha	next month
n.	ukwiramira	temperance
n.	ukwizera	faith
phrase	Umaze igihe kingana iki urwaye?	How long have you been ill?
n.	umiywyo, ubrakari	rabies
n.	umubabaro, agahinda	grief
n.	umubaji (pl. amabaji)	carpenter
n.	umubande (pl. imibande)	valley
n.	umubare (pl. imibare)	number
n.	umubatizo	baptism
n.	umubembe	leper
n.	umubili (pl. imibili)	body
n.	umubiri	flesh
n.	Umubirigi	Belgian
phrase	umubore	old man, decrepit
n.	umubu (Ni hehe nagurira inzitiramibi?)	mosquito (Where can I buy a mosquito net?)
n.	umubyaza	midwife
n.	umubyeyi	parent
n.	umubyimbyi	swelling
n.	umucafu, umwanda	dirtiness
n.	umucamanza, umunyarukiko	judge
n.	umucanga munini	gravel
n.	umucanga, umusenyi	sand
adj. & n.	umucanshuro	mercenary
n.	umucanshuro (pl. abacanshuro)	hired person
n.	umuceli (pl. imiceli)	rice
n.	umuco	1) quality 2) reputation 3) virtue
n.	umucunguzi	redeemer
n.	umucuruzi, umuhanjuzi	trader
n.	umucyo {Twagize umucyo.}	sunny day {We had a sunny day.}
n.	umudendezo	liberty, freedom
adj.	umudigaferi	loquacious
n.	umudomo (pl. imidomo)	jug
adj.	umudubi	puny
n.	umudugudu (pl. imidugudu)	town
n.	umufa	sauce
n.	umufaransa	French

parts of speech	kinyarwanda	english
n.	umuforoma (pl. abaforoma)	nurse (male)
n.	umuforomakazi (pl. abaforomakazi)	nurse (female)
n.	umufuka, umupfuka (pl. imifuka)	1) purse 2) pouch 3) pocket
n.	umufundi (pl. abafundi)	mason
n.	umugabo (pl. abagabo)	1) man (married) 2) husband
n.	umugabo (pl. abagabo), umuhamya	witness
phrase	umugabo wanjye	my husband
n.	umugambi (pl. imigambi)	1) design 2) intention 3) project
adj.	umugamitsi	1) pretentious 2) proud
n	umuganda	community work
n.	umuganga (pl. abaganga)	doctor (academic, medicine)
n.	umuganga ubaga	surgeon
n.	umugani (pl. imigani)	1) fable 2) story 3) parable
n.	umugani (pl. imigani)	proverb
n.	umugano (pl. imigano)	bamboo
n.	umugaragu	servant (male)
n.	umugati (pl. imigati)	bread (european)
adj.	umugega	country
phrase	umugeli	kick
n.	umugeni	bride
n.	umugenzi (pl. abagenzi)	traveller
n.	umugenzo	symbol
n.	umugereka	supplementary
n.	umugezi (pl. imigezi)	stream (small river)
n.	umugi	egg of insect
adj.	umuginga	uncouth
n.	umugisha	blessing
n.	umugobora	trunk (of elephant)
n.	umugogo (pl. imigogo)	log
adj. & n.	umugome (pl. abagome)	1) rebel 2) revolt
n., med	umugongo	back (of a person)
n.	umugore	1) wife 2) woman (married)
phrase	umugore wanjye	my wife
n.	umugoroba	evening
n.	umugoroba mwiza	good evening
n.	umugozi (pl. imigozi)	1) rope 2) string
phrase	umugwaneza	1) kind person 2) person of good character
n.	umuhabara (pl. amahabara)	common-law wife
n.	umuhali (pl. imihali)	fox
n.	umuhana	1) hamlet 2) neighborhood

parts of speech	kinyarwanda	english
n.	umuhanda	road
phrase	umuhanga	clever person
n. & adj.	umuhango	ritual
n.	umuhango (pl. imihango)	ceremony
n.	umuhango, umugenzo	custom
n.	umuhanuzi	prophet, seer
n.	umuhanzi, umunyabugeni	artist
n.	umuhate	1) perseverance 2) tenacity
n.	umuheha	straw (drinking)
phrase	umuhemu	dishonest person
n.	umuhengeri	1) storm on lake 2) width of lake
n.	umuheshi	blacksmith
n.	umuheto (pl. imiheto)	bow (as in arrow)
n.	umuhetsi (pl. abahetsi)	porter
n.	umuhigo	hunt
n.	Umuhindi	Hindu
n.	Umuhindi	Indian
n.	umuhindo	rainy season (sept-nov)
phrase	umuhini	hoe, handle
n.	umuhinzi (pl. abahinzi)	1) cultivator 2) farmer 3) gardener
n., med	umuhishwa	abdominal swelling
n.	umuhisi (pl. abahisi)	passerby
n.	umuhoberano (pl. imihoberano)	hug
n.	umuhogo	throat
n.	umuhondo	1) jaundice 2) yellow
n.	umuhoro, umupanga (pl. imipanga)	machete
n.	umuhungu (pl. abahungu)	1) boy 2) son
n.	umuja	servant (female)
n.	umujagato	swarming
n.	umujugunya	lasso
n.	umujunju	dazzle
n.	umujyanama	steward
n.	umujyanama (pl. abajyanama)	member of council
n.	umujyi, umudugudu (pl. imidugudu)	city
n.	umuka, ikirere	air
n.	umukambwe	father (or respected elder)
n.	Umukanada	Canadian
n.	umukandara (pl. imikandara), umushumi	belt
n.	umukandida	candidate
n.	umukanka	blowtorch

parts of speech	kinyarwanda	english
n.	umukara	black (color)
phrase	umukaramushi	impulsive person
n.	umukarani, umwanditsi	secretary
n.	umukati (pl. imikati)	bread
n.	umukebe (pl. imikebe)	box with lid
n.	umukecuru (pl. abakecuru)	old woman
phrase	umukekwa	suspicious person
adj.	umukene	poor
phrase	umukene	poor person
n.	umukenyero	skirt, long
n.	umukiga (pl. amakiga)	mountain dweller
n.	umukindo (pl. imikindo)	palm tree
n.	umukino (pl. imikino)	game
n.	umukirage (pl. imikirage)	contusion
adj.	umukire	rich
n.	umukiruko	convalescence
n.	umukiza	1) savior 2) spatula
n.	umukobwa (pl. abakobwa)	1) daughter 2) girl
n.	umukoke (pl. imikoke)	ravine
n.	umukondo	handle of cup, pail
n.	umukondo	umbilicus, navel
n.	umukopo (pl. imikopo), umwenda	debt
phrase	umukorogano	prolonged dispute
n.	umukororomyba	rainbow
n.	umukozi (pl. abakozi)	1) employee 2) worker 3) workman
n.	Umukristo	Christian
phrase	umukubirano	go and return quickly
n.	umukubuzo (pl. imikubuzo), umweyo	brush, broom
n.	umukufi (pl. imikufi)	chain, small
phrase	umukuku	knee problem
n.	umukumbagashi	nudity
n.	umukumbi	flock (of sheep)
n.	umukumirizi	guard
n.	umukungugu	dust
n., med	umukungwa	umbilical cord
n.	umukura	1) replacement 2) successor
n.	umukwe	bride-groom
n.	umukwege (pl. imikwege)	wire
n.	umuliro {Afite umuliro mwinshi cyane.}	fever {He has a high fever.}
n.	umumarayika (pl. abamarayika)	angel

201

parts of speech	kinyarwanda	english
n.	umumeshi	launderer
n.	umumiro	mouthful
n.	umunani	patrimony
n.	umunaniro	exhaustion
n.	umunanuko	thinness
n.	umunara	tower
n.	umuneke (pl. imineke)	banana
n.	umunezero	happiness
n.	umuniho	moaning
adj.	umunishyi	sniveling
n.	umunkanyari	wrinkle
n.	umunsi {Nagenze umunsi wose.}	day {I walked all day.}
n.	umuntu (pl. abantu)	person
pronoun	umuntu wese	anybody (somebody)
n.	umununo, urushundura	hook
n.	umunwa (pl. iminwa)	lip
n.	umunwa (pl. iminwa) akanwa, akorezo	mouth
n	umunyaburanga bwiza	beautiful person
n. med	umunyama	ectropion
phrase	umunyamaboko	strong man
n.	umunyamahanga (pl. abanyamahanga)	foreigner
adj.	umunyamwaga	harsh person
n.	umunyasima	asthmatic
phrase	umunyeshyamba	impolite person
n.	umunyezamu, umuzamu	watchman
n.	umunyororo (pl. iminyororo)	chain
n	umunyu	salt
n.	umupadili	priest
adj. & n.	umupagani (pl. abapagani)	1) pagan 2) heathen
n.	umupando (pl. imipando)	climb
n.	umupfakazi	1) widow 2) widower
n., med	umupfu	human cadaver
n.	umupfumu	witch doctor
n.	umupira (pl. imipira)	1) tire 2) rubber 3) ball 4) sweater
n.	umuporisi	police agent
n., med	umura	uterus
n.	umuraba	waves
n.	umurabyo	lightening
n.	umurama	sawdust
n.	umurambo (pl. imirambo)	corpse

parts of speech	kinyarwanda	english
n.	umurase	ray (of sun)
adj.	umurava	faithful
n.	umurayiki	layman
phrase	Umurega wawe ni ururihe?	What is your profession?
n.	umureti	omelette
n.	umurimo (pl. imirimo)	1) business 2) task 3) duty 4) summary
n.	umurimo, (pl. imirimo) igikorwa	action
n.	umurimo, ishingano	responsibility
n.	umuringa	1) brass 2) bronze
n.	umuriro	fire
n.	umurizo (pl. imirizo)	tail
n.	umurobyi (pl. abarobyi)	fisherman
n.	umurondogozi	person who drivels
n.	umurongo (pl. imirongo)	1) row 2) alignment 3) verse
n.	umurongo (pl. imirongo), umusitari	line
n.	umuruho	fatigue
n., med	umurundi	tibia
n.	umurwa mukuru (Umurwa mukuru w'u Rwanda ni Kigali.)	capital (The capital of Rwanda is Kigali.)
n.	umurwano (pl. imirwano)	struggle
n.	umurwayi {Ngiye kureba umurwayi.}	sick person {I am going to see a patient.}
n.	umuryango (pl. imiryango)	1) clan 2) doorway 3) family
n.	umusambanyi	adulterer
n.	umusambi	mat, small
n.	umusambi (pl. imisambi)	rug
n.	umusanzu (pl. imisanzu)	1) aid, voluntary 2) assessment 3) contribution
n.	umusaraba (pl. imisaraba)	cross
n.	umusaruro (pl. imisaruro)	crop (farming)
n.	umusati (pl. imisati)	hair (of human)
n.	umusaza (pl. abasaza)	old man
n.	umusego (pl. imisego)	1) cushion 2) pillow
n.	umuseke	dawn
phrase	umuseke utambitse	dawn, at
n., med	umuseke w'ukuboko	clavicle
n., med	umuseke w'urwano	humerus (She broke her humerus but her mother did not believe it.)
n.	umusemburo	1) leaven 2) yeast
n.	umusengeneza	niece
n.	umuserebanya (pl. imiserebanya)	lizard
n.	umuserege (pl. imiserege)	ditch

parts of speech	kinyarwanda	english
adj.	umushabizi	idle
n.	umushahara	wax
phrase	umushishe	nourished, well (big and fat)
n.	umushitsi	shiver
n.	umushoferi	driver
adj.	umushonji {Ndashonje.}	hungry {I am hungry.}
n.	umushumi	lace
n.	umushyikirano	1) good agreement 2) relationship
n.	umushyitsi (pl. abashyitsi)	visitor (guest)
n.	umushyukwe	erection
n.	umusimu (pl. imisimu), umwina	tunnel
n.	umusingi (pl. imisingi)	channel
n.	umusirikare (pl. abasirikare)	soldier
n.	umusirote	spy
n.	umusizi	poet
n., med	umusokoro	bone marrow
n.	umusomari	1) nail (metal) 2) pin
n.	umusonga	pneumonia
n.	umusore (pl. abasore)	young man, (unmarried)
n.	umusoresha	tax collector
n.	umusoro	tax
n.	umusozi (pl. imisozi)	1) hill 2) mountain
n.	umusozo	conclusion (of discussion)
n.	umusumeni, urukero	saw
n.	umususu	fear
n.	umusuzumyi (pl. abasuzumyi)	examiner
n.	umuswa (pl. imiswa)	ant, white
n.	umuswali (pl. imiswali)	handkerchief
adj.	umutagatifu	saint
n.	umutaka (pl. imitaka)	umbrella
n.	umutambagiro (pl. imitambagiro)	excursion
n.	umutambyi	rescuer
phrase	umutangazo	funnel fit with a filter
n.	umutangi	outline (draft)
n.	umutanyu	shred
n.	umutego	trap, snare
n.	umuteguro (pl. imiteguro)	preparation
n.	umuteja (pl. imiteja)	green bean
n.	umutemeri (pl. imitemeri)	lid, cover
phrase	umuterahejuru	starving person

parts of speech	kinyarwanda	english
phrase	umutesi	spoiled child
n.	umutetsi (pl. abatetsi)	cook
n.	umuti (pl. imiti)	remedy
n.	umuti w'itabi	cigarette
n.	umutiba	beehive (empty)
n.	umutima (pl. imitima)	heart
n.	umutimanama (kutagira umutimanama)	conscience (to have a guilty conscience)
n.	umutini (pl. imitini)	fig tree
n.	umutobe	lemonade
n	umutobe (pl. imitobe)	banana juice (unfermented)
phrase	umutoni	favorite of the boss
n., med	umutsi	blood vessel
n.	umutsima (pl. imitsima)	bread (african)
adj. & n.	umutuku	red
phrase	umutumba	trunk of banana tree
n.	umutumbi (pl. imitumbi)	corpse of animal
n.	umutunzi	1) wealthy person 2) rich person
n.	umuturage (pl. amaturage)	citizen
n.	umutuzo (Mwishyire mu mutuzo.)	ease (Make yourself comfortable.)
n.	umutware (pl. amatware)	1) person in command 2) chief
n.	umutwaro	1) burden 2) load
n.	umutwe (pl. imitwe)	head
phrase	Umutwe urandya.	headache., I have a
n.	umutwe w'abaririmbyi	choir
n.	umuvandimwe	sibling
n.	umuvunyi (pl. abavunyi)	1) advocate 2) assistant
phrase	umuvuzi	treats illness, one who
n.	umuyaga	wind
n.	umuyehanzi	obstinate person
n.	umuyobozi	chairman
n.	umuyobozi (pl. abayobozi)	guide
n.	umuyobozi (pl. abayobozi)	leader
n.	umuyongobezi	glutton
n.	umuzabibu (pl. imizabibu)	1) grape 2) vine
n.	umuzamu (pl. abazamu)	guard
n.	umuzi (pl. imizi)	root
n.	umuzike	music
n., med	umuzimbwe	anal chancre
n.	umuzimu	ghost, ancestral
n.	umuzinge (pl. imizinge)	cigar

parts of speech	kinyarwanda	english
n.	umuzungu (pl. abazungu)	white person
interj.	Umva!	Listen!
n.	umwaga	1) harshness 2) severity
n.	umwaka	year
phrase	umwaka ushize	last year
phrase	umwaka utaha	next year
adj.	umwaku	1) hideous 2) very ugly
n.	umwambaro (pl. imyambaro)	garment
n.	umwambi (pl. imyambi)	arrow
n.	umwambuzi	robber
n.	umwami	1) king 2) lord
n.	umwana (pl. abana){Uliya mwana alitonda.}	baby {The baby was put down.}
phrase	umwana wanjye	my child
n.	umwana {Yasigaranye umwana.}	child {She stayed with the child.}
phrase	umwanditsi	scribe
n.	umwandu	inheritance
n.	umwango (pl. imyango), urugi	door
n.	umwano	groan
n	umwanya	instant
adj. & n.	umwanzi	enemy
n.	umwanzuro	1) final decision 2) final word
n.	umwanzuro (pl. imyanzuro)	conclusion
n.	umwarabu	Arab
n.	umwari (pl. abari)	woman (young)
n.	umwarimu (pl. abarimu)	1) professor 2) teacher
n.	umwaro	ford
n.	umwenda (pl. imyenda)	cloth
n.	umwenge (pl. imyenge)	1) gap 2) crack (fissure)
adj.	umwere	innocent
n.	umwero	harvest
n.	umwete, ishyaka {Agira umwete ku kazi.}	zeal {He works with zeal.}
n.	umwezi	light of the moon
n.	umwicanyi	murderer
n.	umwifato	behavior
n.	umwiga	apprentice
n.	umwigishwa	teacher
n.	umwigishwa (pl. abigishwa)	1) pupil 2) student
n.	umwihariko	property, personal
n.	umwijima	1) darkness 2) liver

parts of speech	kinyarwanda	english
n.	umwiko	trowel
n.	umwilingiro	presumption
n.	umwilyane	dissension
n., med	umwino	dose of medication by enema
n.	umwishi (pl. abishi)	murderer
n.	umwishywa	nephew or niece
n.	umwitero (pl. imyitero)	cloth women wear (shoulder), shawl
n., med	umwivire	menorrhea
n.	umwobo	1) hole 2) pit
n.	umwogoshi	barber
n.	umwotsi	smoke
n.	umwubatsi	builder
n.	umwuga	1) profession 2) trade
n.	umwuka	1) breath 2) spirit
n.	Umwuka Wera	Holy Spirit
n.	umwumbati (pl. imyumbati)	cassava
n.	umwungeri	shepherd
n.	umwuzukuru	grandchild
phrase	Ura shonje?	Are you hungry?
phrase	Urahenda.	That is too expensive. (service)
phrase	Urashaka iki?	What are you looking for?
phrase	Urashaka nde?	Who are you looking for?
prep.	uretse	excluding
phrase	Uri he?	Where are you?
phrase	Uri ingaragu?	Are you single?
pronoun	uriya, iriya, ririya, kiriya	that one
pronoun	uriya, iriya, ririya, kiriya, uwo, iryo	that one
n.	urubaho (pl. imbaho)	1) bench 2) board (plank) 3) slate
n.	urubanza	1) affair 2) condemnation 3) judgement 4) trial
phrase	Urubatse?	Are you married?
n.	urubavu (pl. imbavu) {impande n'impande}	rib, shore {side by side}
n.	uruboga (pl. imboga)	vegetable
n.	uruboho (pl. imboho)	packet
n.	urubura	hail
n.	urucunda	swing (for child to use)
adj.	urudaca	interminable
n.	urudodo (pl. indodo)	thread
n.	urufunguzo (pl. imfunguzo)	corkscrew
n.	urufunguzo {Nataye imfunguzo zanjye.}	key {I lost my keys.}

parts of speech	kinyarwanda	english
n.	urugabano	frontier (border)
n.	urugara	1) brim 2) edge of a hat
n.	urugendo, igisaho	trip, journey
n.	urugero {Dutange urugero rwiza.}	example {We give a good example.}
n.	urugogo (pl. ingogo)	enclosure
n.	urugohe (pl. ingohe)	eyelash
n.	urugomo (pl. ingomo)	competition
n.	uruguma (pl. inguma)	cut (wound)
n., med	uruhago	bladder
n., med	uruhago nwienka ni	bladder, urinary
n.	uruhande	side
n.	uruhanga	forehead
n.	uruhare	1) access 2) participation
n.	uruhatiro	peelings
n., med	uruhekenyero	temporal mandibular joint
n.	uruheli	pustule
n.	uruhinja (pl imhinja)	1) infant 2) newborn baby
n.med	uruhitwe	liquid stool, diarrhea
n.	uruhumbu	1) mildew 2) mold
n.	uruhushya	1) time off 2) vacation
n.	uruhushya {Yanyimye uruhusa.}	permission {He refused me permission.}
phrase	urujijo	mysterious, something
n.	urujuga	lion cub
n.	urujya n'uruza	comings and goings
n.	urujyo	fragment
n.	urukara	argument (dispute)
n., med	urukebu, umukebuko	stiff neck
n.	urukenuzo (pl. inkenuzo)	razor
n.	urukenyerero	waist
n., med	urukerera	impetigo
phrase	urukiga	mountainous region
n.	urukiko	tribunal
n.	urukiko (pl. inkiko)	court
n., med	urukogoso	scapula
n.	urukombati	gossip
adj.	urukumbuzi	lonesomeness
n.	urukundo	1) love 2) tenderness
n.	urukuta (pl. inkuta)	wall
n.	urukwavu (pl. inkwavu)	rabbit
phrase	urukwi	stick of firewood

208

parts of speech	kinyarwanda	english
n.	urukwi (pl. inkwi)	firewood
n.	uruliba	numerous
n.	urumanzi	tattoo
n.	urume, ikime	dew
n.	urumuri	torch
phrase	urumwe	first stage of the game
phrase	urungano	persons of same age
n.	urunyana (pl. inyanya)	tomato
n.	urunyo	1) maggot 2) tiny worm
phrase	urunyota	thirst, excessive
n.	urupapuro {Wintera impapuro.}	paper {Do not throw away my papers.}
n.	urupapuro, ipaji	page
n.	urupfu	death
n.	ururimi	language
n.	ururo	millet
n.	urusakabaka	turmoil
n.	urusaku (pl. insaku)	noise
n.	urusakusaku	racket (noise)
n.	urusenda	hot chili
n.	urusengero (pl. insengero)	1) church (building) 2) temple
n.	urushinge (pl. inshinge)	1) injection 2) syringe 3) needle
n.	urushishi (pl. inshishi)	ants, small food
n.	urushundura	fishing equipment
n.	urushyi	1) blow to the face 2) slap
n.	urusika	panel
n.	urusokozo (pl. insokozo)	1) comb 2) rake
n.	urusyo	grinding stone
n	urutambi	dynamite
phrase	urutara	bed made of wood
n.	uruti (pl. inti)	stick (staff)
n.	urutindo {Bazatinda ikiraro.}	bridge {They are building a bridge.}
n.	urutirigongo	spine
n.	urutoki (pl. intoki)	1) finger 2) plantation of banana
n.	urutoto	reprimand
n.	urutozi (pl. intozi)	ant, red
n.	urutugu (pl. intugu)	shoulder
n.	uruyuki, (pl. inzuki)	bee
n.	uruyundo	progeny
n.	uruzabibu	vineyard
n.	uruzi (pl. inzuzi)	river

parts of speech	kinyarwanda	english
n.	uruziga	circle
n.	uruziramire	python
n.	uruzitiro (pl. inzitiro)	1) fence 2) hedge
phrase	uruzizi	swarm of flies
n.	urwabya	pot (small clay)
n	urwagwa	banana, beer
n.	urwamu (pl. inzamu)	clatter (of voices)
n.	urwandiko (epistle)	letter
n.	urwandiko (pl. imyandiko)	document
n.	urwanwa	beard
n.	urwara (pl. inzara)	1) claw 2) fingernail 3) hoof
phrase	urwarumwe	same (age, height), of
phrase	urwego	tall person
n.	urwego (pl. inzego) {Egura urwo rwego.}	ladder {Raise this ladder.}
phrase	urwererane	whiteness, dazzling
n.	urwibutso (pl. inzibutso)	1) memory 2) souvenir
phrase	urwico	great injustice
n.	urwimbo	nostalgia
phrase	urwiru	queen bee
n.	urwiruko	bustling activity
n.	urwitwazo	excuse
n.	urwoya (pl. ubwoya)	hair (not human)
adj.	ushoboye (Arabishoboye cyane.)	capable, able (He is very capable of doing it.)
phrase	Uvuye he?	Where are you coming from?
n.	uwa kabiri	second
adj.	uwa nyuma	least
phrase	uyu mwaka	this year
adj.	uyu, iki	this (Take this glass.)
n.	vino	1) ink 2) wine
adv.	vuba (Arabyara vuba bidatinze.)	1) quickly 2) soon (She will deliver the baby soon.)
phrase	vuba vuba	very fast
phrase	Wariye?	Have you eaten? (singular)
pronoun	we, a- (verb prefix)	he
adj.	we, cye, rwe, bye	his (or) her
n.	Werurwe, ukwezi kwa gatatu	March
adv.	weruye (Vuga weruye.}	clearly {Speak clearly.}
interj.	wihangane	sorry (sympathy)
phrase	Witwa nde?	What is your name?
pronoun	wowe, mwebwe	you (familiar)

parts of speech	kinyarwanda	english
adv.	**yego, yee**	yes
n.	**Yesu, Yezu**	Jesus
conj.	**yuko, ari**	whether
n.	**zaburi**	psalm
n.	**zeru**	zero
adj.	**ziranenge**	holy

Verb conjugation table

Infinitive, english	present english	past english	present participle english	infinitive kinyarwanda
be, to	is, am, are	was, were	being	kuba (to be)
beat, to	beat (s)	beat	beating	gukubita (to beat)
believe, to	believe (s)	believed	believing	kwizera (to believe)
can	can	could	(not conjugated)	gushobora (can)
come, to	come (s)	came	coming	kuza (come)
die, to	die (s)	died	dying	gupfa (to die)
drink, to	drink (s)	drank	drinking	kunywa (to drink)
eat, to	eat (s)	ate	eating	kurya (to eat)
go, to	go	went	going	kujya (to go)
have, to	have, has	had	having	kugira (to have)
know, to	know (s)	knew	knowing	kumenya (to know)
live, to	live (s)	lived	living	kubaho (to live)
open, to	open (s)	opened	opening	gukingura (to open)
pray, to	pray (s)	prayed	praying	gusenga (to pray)
put, to	put	put	putting	gushyira (to put)
read, to	read	read	reading	gusoma (to read)
say, to	say (s)	said	saying	kuvuga (to say)
see, to	see (s)	saw	seeing	kureba (to see)
send, to	send (s)	sent	sending	kohereza (to send)
sit down, to	sit (s) down	sat down	sitting down	kwicara (to sit down)
sleep, to	sleep (s)	slept	sleeping	gusinzira (to sleep)
take, to	take (s)	took	taking	kwakira (to take hold of)
write, to	write (s)	wrote	writing	kwandika (to write)

Kinyarwanda verb conjugation

	1st person singular (infinitive)	2nd person singular	3rd person singular	1st person plural	2nd person plural	3rd person plural
Pr	ndi (kuba)	uri	ari	turi	muri	bari
P	nari	wari	yari	twari	mwari	baari
F	nzaba	uzaba	azaba	tuzaba	muzaba	bazaba
Pr	ndakubise (gukubita)	urakubise	arakubise	turakubise	murakubise	barakubise
P	narakubise	warakubise	yarakubise	twarakubise	mwarakubise	barakubise
F	nzakubita	uzakubita	azakubita	tuzakubita	mwzakubita	bazakubita
Pr	ndizeye (kwizera)	urizeye	arizeye	turizeye	murizeye	barizeye
P	narizeye	warizeye	yarizeye	twarizeye	mwarizeye	bariizeye*
F	nzizera	uzizera	azizera	tuzizera	muzizera	bazizera
Pr	ndashobora (gushobora)	ushobora	ashobora	dushobora	mushobora	bashobora
P	narashoboye	warashoboye	yarashoboye	twarashoboye	mwarashoboye	barashoboye
F	nzashobora	uzashobora	azashobora	tuzashobora	muzoshobora	bazashobora
Pr	ndaje (kuza)	uraje	araje	turaje	muraje	baraje
P	naraje	waraje	yaraje	twaraje	mwaraje	baraaje*
F	nzaza	uzaza	azaza	tuzaza	muzaza	bazaza
Pr	ndapfuye (gupfa)	urapfuye	arapfuye	turapfuye	murapfuye	barapfuye
P	narapfuye	warapfuye	yarapfuye	twarapfuye	mwarapfuye	baraapfuye*
F	nzapfa	uzapfa	azapfa	tuzapfa	muzapfa	bazapfa
Pr	ndikunywa (kunywa)	urikunywa	arikunywa	turikunywa	murikunywa	barikunywa
P	naranyoye	waranyoye	yaranyoye	twaranyoye	mwaranyoye	baranyoye
F	nzanywa	uzanywa	azanywa	tuzanywa	muzanywe	bazanywa
Pr	ndikurya (kurya)	urikurya	arikurya	turikurya	murikurya	barikurya
P	narariye	warariye	yarariye	twarariye	mwarariye	barariye
F	nzarya	uzarya	azarya	tuzarya	muzarya	bazarya
Pr	ngiye (kujya)	ugiye	agiye	tugiye	mugiye	bagiye
P	naragiye	waragiye	yaragiye	twaragiye	mwaragiye	baragiye

	1st person singular (infinitive)	2nd person singular	3rd person singular	1st person plural	2nd person plural	3rd person plural
F	nzajya	uzajya	azajya	tuzajya	muzajya	bazajya
Pr	mfite (kugira)	ufite	afite	dufite	mufite	bafite
P	narimfite	warufite	yarafite	twaridufite	mwarimufite	baribafite
F	nzagira	uzagira	azagira	tuzagira	muzagira	bazagira
Pr	nzi (kumenya)	uzi	azi	tuzi	muzi	bazi
P	narinzi	waruzi	yarazi	twarituzi	mwarimuzi	baribazi
F	nzamenya	uzamenya	azamenya	tuzamenya	muzamenya	bazamenya
Pr	ndiho (kubaho)	uriho	ariho	turiho	muriho	bariho
P	nariho	wariho	yariho	twariho	mwariho	bariiho*
F	nzabaho	uzabaho	azabaho	tuzabaho	muzabaho	bazabaho
Pr	ndakinguye (gukingura)	urakinguye	arakinguye	turakinguye	murakinguye	barakinguye
P	narakinguye	warakinguye	yarakinguye	twarakinguye	mwarakinguye	baraakinguye*
F	nzakingura	uzakingura	azakingura	tuzakingura	muzakingura	bazakingura
Pr	ndigusenga (gusenga)	urigusenga	arigusenga	turigusenga	murigusenga	barigusenga
P	narasenze	warasenze	yarasenze	twarasenze	mwarasenze	barasenze
F	nzasenga	uzasenga	azasenga	tuzasenga	muzasenga	bazasenga
Pr	nshyize (gushyira)	unshyize	anshyize	dunshyize	munshyize	banshyize
P	nanshyize	wanshyize	yanshyize	twanshyize	mwanshyize	banshyiize*
F	nzashyira	uzashyira	azashyira	tuzashyira	muzashyira	bazashyira
Pr	ndigusoma (gusoma)	urigusoma	arigusoma	turigusoma	murigusoma	barigusoma
P	narasomye	warasomye	yarasomye	twarasomye	mwarasomye	barasomye
F	nzasoma	uzasoma	azasoma	tuzasoma	muzasoma	bazasoma
Pr	ndikuvuga (kuvuga)	urikuvuga	arikuvuga	turikuvuga	murikuvuga	barikuvuga
P	naravuze	waravuze	yaravuze	twaravuze	mwaravuze	baravuze
F	nzavuga	uzavuga	agavuga	tuzavuga	muzavuga	bazavuga
Pr	ndikureba (kureba)	urikureba	arikureba	turikureba	murikureba	barikureba
P	nararebye	wararebye	yararebye	twararebye	mwararebye	bararebye
F	nzareba	uzareba	azareba	tuzareba	muzareba	bazareba
Pr	ndohereje (kohereza)	urohereje	arohereje	turohereje	murohereje	barohereje
P	narohereje	warohereje	yarohereje	twarohereje	mwarohereje	baroohereje*
F	nzohereza	uzohereza	azohereza	tuzohereza	muzohereza	bazohereza

	1st person singular (infinitive)	2nd person singular	3rd person singular	1st person plural	2nd person plural	3rd person plural
Pr	ndicaye (kwicara)	uricaye	aricaye	turicaye	muricaye	baricaye
P	naricaye	waricaye	yaricaye	twaricaye	mwaricaye	bariicaye*
F	nzicara	uzicara	azicara	tuzicara	muzicara	bazicara
Pr	ndasinziriye (gusinzira)	urasinziriye	arasinziriye	turasinziriye	murasinziriye	barasinziriye
P	narasinziriye	warasinziriye	yarasinziriye	twarasinziriye	mwarasinziriye	baraasinziriye*
F	nzasinzira	uzasinzira	azasinzira	tuzasinzira	muzasinzira	bazasinzira
Pr	ndakiriye (kwakira)	urakiriye	arakiriye	turakiriye	murakiriye	barakiriye
P	narakiriye	warakiriye	yarakiriye	twarakiriye	mwarakiriye	baraakiriye*
F	nzakiira*	uzakiira*	azakiira*	tuzakiira*	muzakiira*	bazakiira*
Pr	ndikwandika (kwandika)	urikwandika	arikwandika	turikwandika	murikwandika	barikwandika
P	naranditse	waranditse	yaranditse	twaranditse	mwaranditse	baranditse
F	nzandika	uzandika	azandika	tuzandika	muzandika	bazandika
Pr: present P: distant past F:future	* double vowel pronounced slowly					

215

In kinyarwanda a prefix is used to signify whether the noun is singular or plural. There are 10 classes of nouns, each with a different set of prefixes. The first section shows the prefix of nouns that have a root beginning with a consonant. The second section shows the prefix of nouns that have a root beginning with a vowel.

class	singular prefix	plural prefix	singular example	plural example	english meaning
1 cl.	umu	aba	umutagatifu	abatagatifu	saint, saints
2 cl.	umu	imi	umusozi	imisozi	hill, hills
3 cl.	in	in	inzu	inzu	home, homes
4 cl.	iki	ibi	ikirenge	ibirenge	foot, feet
5 cl.	ili or i	ama	ijoro	amajoro	night, nights
6 cl.	uru	in	urutoki	intoki	finger, fingers
7 cl.	aka	utu	akanyamasyo	utunyamasyo	tortoise, tortoises
8 cl.	ubu	ama	ubulili	amalili	bed, beds
9 cl.	uku	ama	ukuguru	amaguru	leg, legs
10 cl.	aha	aha	ahantu	ahantu	place, places
1 cl.	umw	ab	umwarimu	abarimu	teacher, teachers
2 cl.	umw	imy	umwaka	imyaka	year, years
3 cl.	iny	iny	inyota		thirst
4 cl.	icy	iby	icyago	ibyago	tragedy, tragedies
5 cl.	iry	am	(no singular)	amaraso	blood
6 cl.	urw	iny, inz	urwara	inzara	claw, claws
7 cl.	ak	utw	akagwa	utwagwa	banana beer
8 cl.	ubw	am	ubwoko	amoko	clan, clans
9 cl.	ukw	am	ukwezi	amezi	moon, moons
10 cl.	ah	ah	ahantu	ahantu	place, places

Bridging words are used to connect two nouns. In english we would use an apostrophe or the word/words of/of the. The connecting words are different for each of the 10 classes of nouns

class	singular	plural
1 cl.	wa	ba
2 cl.	wa	ya
3 cl.	ya	za
4 cl.	cya	bya
5 cl.	rya or ya	ya
6 cl.	rwa	za
7 cl.	ka	twa
8 cl.	bwa	ya
9 cl.	kwa	ya
10 cl.	ha	ha
	Kinyarwanda	**English**
1 cl.	umugabo wa Mary	Mary's husband
1 cl.	abana ba Paul	Paul's children
2 cl.	umugano w'ishyamba	the bamboo from the forest
2 cl.	imizi y'igiti	the roots of the tree
3 cl.	inkono y'umugore	the woman's pot
3 cl.	imbeba z'umulima	the field rats
4 cl.	ikimenyetso cy'umusaraba	the sign of the cross
4 cl.	ibishishwa by'ibijumba	the potato peelings
5 cl.	igi ry'inkoko	the chicken egg
5 cl.	amasasu y'abahigi	the cartons of shoes
6 cl.	urusokozo rw'umukobwa	the girl's comb
6 cl.	inzugi z'inzu	the doors of the house
7 cl.	agakecuru ka Daniel	Daniel's mother
7 cl.	udutoki tw'umwana	the child's small fingers
8 cl.	ubuki bw'inzuki	the honey of the bees
8 cl.	amato ya Phillip	Phillip's boats
9 cl.	ukuguru kwa Charles	Charles' leg
9 cl.	amaboko ya Jerry	Jerry's arms
10 cl.	ahuntu h'amabuye	a place where there are stones
10 cl.	a h'imbeho	it is cold

Kinyarwanda pronunciation key

vowels	A has no exact equivalent in english; similar to "ah".
	E is pronounced as in Jerry
	I is pronounced as in (1) bit or as in (2) see
	O is pronounced as in (1) dollar or as in (2) close
	U is pronounced as in (1) coupon or (2) snoop
consonants	Q and X do not exist
single consonants	B is pronounced softer than in english
	C is pronounced as ch as in birch
	J is pronounced as in the sound of the second g in grudge
	P is used as mp or pf, both pronounced as "mp" in jump
	R and L are the same sound
	R and L are written interchangeably but generally R is written before a, e u and o. L is written before i.
	As in english use: d, f, g, h, k, m, n, s (but never like a z), t, v, w, y (never as a vowel), z
consonant groups	sh is pronounced same as in english
	bw is pronounced as in ubgoba (written as ubwoba)
	rw is pronounced as in Gwanda (written as Rwanda)
	sy is pronounced as in guskyegera (written as gusyegera)
	fw is pronounced as in igufkwa (written as igufwa)
	tw is pronounced as in umutkwe (written as umutwe)
	sw is pronounced as in umuskwa (written as umuswa)
	nyw as in ng of bringing in english (example: kunywa)

39824299R00123

Made in the USA
San Bernardino, CA
04 October 2016